야, 너도 다른 회사에 갈 수 있어

야, 너도 다른 회사에 갈 수 있어

잇쭌 지음

채용 담당자가 작 잡고 쓴
초보 이직러를 위한
이직 참고서

REAL
LEARNING

여기가 아닌가 봐

'여긴 아닌 것 같아. 이직 준비해야겠다.'

직장인이라면 대부분 한 번쯤 이런 생각을 한다. 여러 가지 이유가 있겠지만 주로 이곳에서 더는 견디기 힘들다고 느끼거나 비전이 없다고 생각할 때 그렇다.

요즘 90년대생들에게 이직은 아주 친근한 단어다. 70년대 이전 세대는 이직을 배신이라고 여겼고 80년대생도 최소 2~3년 이상 경력을 쌓는 게 룰이었다면, 90년대생은 입사 순간부터 이직을 생각한다. 그래서 이들을 어떻게 붙잡을지가 최근 기업들의 최대 숙제다. 취업포털 사이트 잡코리아에서 MZ세대 남녀 직장인 343명을 대상으로 <첫 이직 경험>에 대해 조사한 결과, 상당수가 입사 1년이 채 되지 않아 퇴사를 결정했다고 한다. 애초부터 아니라고 생각되면 빠르게 행동으로 옮기는 것이다.

이들이 첫 이직을 감행한 이유는 의외로 '워라밸 불만족'이 컸다. 업무 과다 및 야근으로 개인 생활을 누리기 힘듦이 응답률 38.6%로 가장 높게 선택된 것이다. '일에 대한 재미가 없어서[11.2%]'도 4위에 올랐다. 윗세대들의 일반적인 이직 사유는 '상사 및 동료와의 불화'나 '회사의 비전 및 미래에 대한 불안' 등의 조직적 요인이 컸지만, MZ세대에게는 개인적 요인이 크다. 점점 나를 중요시하는 가치관과 문화로 변화하고 있는 것이다. 이제 일이란 단순히 직장을 말하는 것이 아니라 개인의 성장, 의미, 재미를 말한다.

그렇다면 이들이 이직 활동 중 가장 어려워한 것은 무엇일까? '업무 성과와 경력기술 등을 작성해야 하는 입사지원서 작성[21.6%]'이 가장 어렵다고 답했다. 또, '이직할 기업에 대한 정보 찾기[17.4%]', '이직 준비에 대해 자문을 구할 인맥이 없는 것[13.1%]', '다니던 회사에 퇴사 의사를 밝히는 것[10.0%]' 등을 어려운 점으로 꼽았다.

이 책은 이러한 어려움을 겪고 있는 초보 이직자들을 위해 나왔다. 필자는 회사에서 현직 채용담당자로서 채용의 A부터 Z까지 담당하면서 연간 200명 이상의 경력사원들을 영입하고 있으며, 이직/취업/커리어/자기소개서/연봉협상 등 다양한 컨설팅을 통해서도 많은 이직자를 만나고 있다. 이들 중 이직을 처음 하는 사람은 대부분 서류지원 단계부터 면접,

연봉협상, 입사 후 수습 기간까지 수많은 시행착오를 겪는다.

아마도 이 책을 읽고 있는 독자분들은 아래 사례 중 하나에 속할 것이다.

· 꿈을 갖고 입사했지만, 첫 번째 회사의 한계를 깨닫고 커리어 초반에
재빨리 이직을 결심한 사원/대리 20대

· 지금 이직하기에는 조금 무겁고 늦었지만, 경력 중간 지점에서
새로운 도전을 꿈꾸는 과장 30대

· 이미 많이 늦었다는 걸 알기 때문에 두렵지만, 경력 후반에
익숙한 곳을 떠날 용기를 낸 차장/부장 40대

이 중 어떤 사례여도 상관없다. 그보다도 당신이 '첫 이직'이라는 큰
용기를 냈다는 것을 진심으로 응원한다. 그리고 이제 내가 알고 있는
가장 효과적이고 확실한 방법을 알려주려고 한다. 나도 이 책에 쓴 방
법으로 이직을 시도했고, 매우 만족스러운 회사로 옮기는 데 성공했
다. 자, 이제 당신의 차례다. 다른 회사에 다녀보고 싶은가? 오늘부터
바로 행동으로 옮겨보자. 이 책의 내용만 잘 읽고 따라온다면 당신은
반드시 실패하지 않는 성공적인 이직을 할 수 있을 것이다.

Prologue. **여기가 아닌가 봐**   5

1장 | **우리에겐 반드시 현타가 온다**

　　01 회사는 돈 벌려고 다니는 거죠   16

　　02 이 회사는 나를 책임져주지 않는구나   17

　　03 나도 이제 떠나야겠다   19

2장 | **이직이 도대체 뭔데!**

　　01 첫 취업과 첫 이직의 차이점   23

　　02 이직 프로세스   26

　　03 이직 원칙   33

3장 | **이제 뭐부터 준비해야 하지?**

　　01 나를 객관적으로 돌아보기   41

　　02 나를 매력적으로 상품화하기   47

　　03 평가자 눈에 띄는 이력서 작성법   49

　　04 합격을 부르는 경력기술서 작성법   54

　　05 읽어보고 싶은 자기소개서 작성법   58

4장 | **서류는 어디에 지원해야 할까?**

　　01 지원 원칙과 전략 정하기   67

　　02 나를 최대한 널리 알리기   70

　　03 지원 가능한 공고 찾아보기   73

　　04 일단 무조건 지원해보기   86

5장 | **면접을 어떻게 봐야 붙을까?**

01 회사 낱낱이 파헤쳐 보기   93

02 1차 면접 제대로 준비하기   101

03 최종면접 철저하게 준비하기   111

6장 | **레퍼런스 체크가 은근히 걱정되네**

01 레퍼런스 체크 프로세스   117

02 평판 관리 잘하는 방법   124

7장 | **연봉협상 진짜 잘하고 싶다!**

01 연봉, 최대한 많이 올리고 싶으세요?   127

02 연봉협상 이렇게 진행돼요   131

03 연봉협상의 목표와 전략 정하기   145

04 현재 처우 정확하게 파악하기   148

05 원하는 희망연봉 제시하기   155

06 첫 번째 오퍼에 대응하기   163

07 효과적으로 재협상하기   167

08 연봉협상 마무리하기   170

09 연봉협상 시 가장 많이 묻는 질문 10가지   174

8장 | **입사일까지 뭘 준비해야 하지?**

01 깔끔하게 마무리하기   185

02 새롭게 충전하기   198

03 새 직장 전략 짜기   201

9장 | **수습기간 동안 잘 지내봅시다**

01 입사일에 해야 할 일들   205

02 3개월간 가장 먼저 파악할 것들   207

03 3개월간 절대 하지 말아야 할 것들   216

10장 | **본 게임은 이제 시작이다**

01 용병으로서 내가 기여할 것들   221

02 이 곳에서 얻을 경험들   222

03 나와 함께 갈 사람들   223

Epilogue. **다 사람 사는 곳이다**   226

부록 1   나만의 이직 원칙 수립을 위한 질문 50   228

부록 2   선배 이직러가 들려주는 경험담 인터뷰   235

부록 3   입사 지원 시 활용하는 이력서 및 경력기술서 표준양식   250

부록 4   실전에서 바로 써먹는 연봉협상 비밀자료 3종 세트   252

부록 5   성공적인 연봉협상을 위한 이메일 작성법   257

부록 파일 다운로드

추천하는 글

1. 글로벌 IT회사로 이직한 홍*기 님
"저자의 이직 컨설팅을 통해 업무강도는 절반으로 줄고, 연봉은 두배 상승했다.
지금까지 똑똑하게 커리어를 쌓아온 당신도 이제 업그레이드가 필요한 시점이다.
인사전문가의 명확한 진단과 통찰이 담긴 이 책을 통해서 당신의 가치를 어필하자."

2. 글로벌 제약회사로 이직한 공*주 님
"저자의 탄탄한 논리와 조언 덕분에 20%가 넘는 연봉 인상과 파격적인 직급으로
이직에 성공했다. 이 책은 이직 준비부터 새로운 회사 적응까지 저자의 모든 노하우와
핵심지식이 담겨있다. 여러분도 이 책과 함께라면 더이상 준비가 두렵지 않고
성공적으로 이직할 수 있을 것이다."

3. 스타트업 디자이너로 이직한 김*정 님
"저자의 책과 코칭을 통해 연봉을 50% 인상하여 이직에 성공했다.
기업 입장에서 구직자를 바라보는 관점을 깨닫고 구체적인 근거를 통해
연봉협상을 할 수 있었고, 입사 후 수습기간에 대비할 것들까지 꼼꼼히 적혀 있어서
이직의 A-Z를 한 눈에 배울 수 있었다. 인생에 몇 번 없는 연봉 인상 기회를 잘 살려서
성공적으로 이직하고 싶은 분들께 이 책을 추천한다."

4. 스타트업 매니저로 이직한 김*진 님
"초보 이직준비자 분들에게 이 책을 강력히 추천하고 싶다.
이직 시 마인드 세팅부터 나를 매력적으로 상품화하는 법,
면접 준비방법과 연봉협상까지 모든 내용이 담겨있다.
특히 연봉협상 방법은 한 번 알아두면 계속 활용할 수 있으므로
미래를 위한 가치 있는 투자가 될 것이다."

5. 제조업으로 이직한 황*문 님

"이직을 준비하면서 각 단계에서 직면하게 되는 상황과 그에 대한 대처법을 알 수 있다. 이직을 처음 준비하는 분들에게는 이만한 가이드가 없을 것 같다. 나도 이 책을 통해서 첫 이직을 하는 데 큰 도움을 받았고 만족스럽게 이직하게 되었다."

6. 게임회사로 이직한 김*희 님

"직장 선배에게 묻기 어려운 경력기술서 준비부터 연봉협상까지 이직의 모든 것을 현직 채용담당자가 직접 알려준다. 특히 직장인들이 가장 어려움을 느끼는 연봉협상에 대해서 제대로 준비하기 위해서는 연봉에 대해 알아야 한다. 이 책은 연봉구조부터 협상방법까지 자세하게 정리되어 있어서 무모한 베팅이 아닌 주도권을 가진 진짜 연봉협상을 해볼 수 있다."

7. 패션회사로 이직한 김*중 님

"이직을 결심하고 진행하던 중에 만난 귀한 책이다. 특히 연봉 협상에 대해 실질적이고 구체적으로 나와 있어서 큰 도움이 되었고, 매우 만족스러운 조건으로 이직할 수 있었다. 물어볼 곳이 없던 찰나에 궁금했던 내용들이 빠짐없이 들어가 있어서 마치 이직을 해본 선배가 들려주는 이야기 같았다. 당장 이직을 생각하고 있지 않더라도 직장인으로 고민해야 할 몸값 높이는 노하우가 담겨 있으므로 꼭 읽어볼 것을 권한다."

8. 커머스기업에 재직 중인 김*영 님

"능력있는 선후배들이 하나 둘씩 이직을 하면서 초조해졌다. 하지만 정보를 어디서 얻을지 무엇부터 시작할지 너무 막막했다. 이 책은 이직에 대한 백과사전이자 지침서이며, 초보 이직러에게 희망이다."

9. 대기업으로 이직한 김*희 님

"원하는 회사에서 높은 몸값을 주고서라도 나를 모셔가게끔 한다는 것은 일견 불가능해보일지 모른다. 그러나 이 책은 인사 담당자 입장에서 낯선 이직 프로세스를 누구보다 객관적이고 상세히 알려주고, 초보 이직자로서 막막하고 낯설게 다가올 수밖에 없는 감정들을 친구처럼 듬직하고 따뜻하게 격려해준다. 이 책과 함께라면 나를 멋지게 마케팅하고, 협상에 나서는 일은 설레고 즐거운 모험이 될 것이라고 확신한다."

10. 유통기업에 재직 중인 김*혜 님

"이직을 하려면 세 가지 고민이 생긴다.
첫 번째는 내가 이직하려는 회사에 대해 잘 알고 있는가이다.
두 번째는 그 회사에 합격할 수 있는 방법을 아는가이다.
세 번째는 이직한 회사에서 잘 적응할 수 있는가이다.
이 책은 체계적인 설명으로 이러한 모든 고민을 한 방에 해결해준다.
그리고 당신이 자신감을 갖도록 만들어줄 것이다."

11. 패션회사에 재직 중인 봉*민 님

"이 책은 이직의 바이블이다. 특히 인사팀이 어떤 태도와 전략으로 연봉협상에 임하는지에 대한 내용이 담겨있어 굉장히 흥미롭고, 더 나아가 직장인들에게 자신의 이직 커리어 플랜까지 다시 세워보게 만들어 줄 것이다."

야, 너도 다른 회사에 갈 수 있어

1장.

우리에겐 반드시
현타가 온다

01	회사는 돈 벌려고 다니는 거죠
02	이 회사는 나를 책임져주지 않는구나
03	나도 이제 떠나야겠다

● ● ● 입력 중

'현자 타임賢者 time'

어떤 것에 대한 욕구를 충족한 직후에 이전까지의 열정이나 흥분 따위가 사그라들고 평정심, 초탈, 무념무상, 허무함과 같은 감정이 찾아오는 시간을 이르는 신조어다. 마치 욕망에서 벗어난 현자와 같은 상태가 된다고 하여 생긴 말이다.

다시 말해, 현실을 자각하는 타이밍인데 직장생활을 하다 보면 시점은 다르더라도 현자 타임현타이 반드시 한 번은 찾아온다. 처음 회사에 합격했을 때의 환희와 안도, 입사했을 때의 열정과 기대는 사라진 지 오래다. 자꾸만 실망하게 만드는 회사와 상사들 때문에 존경하는 선배들마저 떠나는 것을 보면서 첫 직장에 대해 자부심과 충성심까지 없어져 버렸다. 이 현타의 순간이 우리가 이직을 결심하게 되는 진짜 이유가 아닐까 싶다. 마치 얼음물로 세수하면 잠에서 확 깨는 것처럼 이전에는 미처 몰랐거나 무심코 지나쳤던 것들이 어느 순간 한 번에 와 닿는 것이다.

첫 이직을 결심한 당신에게도 분명 이런 현타가 왔을 것이다. 어떤 이유 때문인지는 사람마다, 상황마다 다르지만 크게 보면 앞으로 다룰 세 가지 중 하나가 아닐까 싶다. 그럼 회사에서 우리의 마음을 떠나게 하는 순간들을 한 번 살펴보자.

01. 회사는 돈 벌려고 다니는 거죠

　자신에게 한 번 물어보자. '나는 회사를 왜 다니고 있지?' 커리어 개발, 조직 생활경험, 대기업의 시스템 공부, 자아실현 등 각자 회사에 다니는 다양한 목적이 있을 것이다. 잘 살펴보면 모두 경험에 관한 이야기다. 지극히 맞는 말이다. 그런데 당신에게 한 가지 물어보고 싶다. 만약 이번 달부터 회사가 월급을 주지 않는다면 당신은 지금 다니고 있는 회사에 다닐 것인가? 아마 대부분은 아닐 것이다. 경험도 중요하지만 결국 우리가 회사에 다니는 첫 번째 목적은 돈을 벌기 위해서다.

　우리가 돈을 버는 궁극적인 목적은 먹고 살기 위해서다. 매슬로우의 욕구 5단계를 살펴보면 인간의 가장 본능적인 욕구는 생리적 욕구이다. 숨 쉬고, 먹고, 자고, 입는 등 생활에서 가장 기본적인 요소들이 포함된 단계이다. 자본주의 체제에서는 이 욕구를 충족시키기 위해서 돈이 필요하다. 그러므로 무려 하루의 3분의 1을 회사에서 보내는 것이다. 그런데 살면서 우리가 생리적 욕구를 위협받는 순간이 있다. 바로 큰돈이 들어가는 이벤트를 겪을 때다. 결혼할 때, 집을 마련할 때, 자녀를 양육할 때, 큰 수술로 병원비가 들어갈 때 등이다. 사람은 이런 순간이 찾아오면 큰 위기감을 느낀다.

　나도 결혼을 앞두고 이런 위기감을 느꼈다. 결혼식 준비, 집 장만, 가구/가전 구매 등 혼자가 아닌 배우자와의 새로운 생활 방식을 위해서는 생각보다 많은 돈이 필요했다. 무엇보다도 이제 한 가정을 책임감 있게 끌고 나가야 한다는 사실이 나를 매우 절박하고 진지하게 만들었다. 그런데 현실을 돌아보았을 때 회사에서 받는 월급만으로는 한계가 있었다. 맞벌이로 어떻게든지 잘 살아가겠지만 미친 듯이 오른 집값과 미래에 다가올 자녀 양육의 압박은 상당했다. 그러다 보니 자연스럽게 전자책, 강의, 컨설팅 등 부수입을 올릴 수 있는 여러 가지 부업을 하게 됐다. 요즘 MZ세대가 회사에 대한 의존도를 낮추고 다양한 N잡을 하는 이유다.

이렇게 한 발짝 떨어져서 바라보면 회사에 다니는 목적은 더욱 명확해진다. 회사는 그저 돈과 경험을 얻기 위해 다니는 곳이다. 더 그럴듯한 미사여구나 장황한 설명은 붙이지 말자. 그리고 이제 자신에게 솔직해지자. 월급은 단지 우리의 파이프라인 중 하나일 뿐이다.

02. 이 회사는 나를 책임져주지 않는구나

나는 예전부터 몸담았던 조직에 대해 자부심과 충성심, 그리고 애정이 남다른 편이었다. 학교, 군대, 회사 모두 내가 직접 선택해서 간 곳이었고, 반대로 나를 선택해준 것에 대한 감사한 마음이 컸기 때문이다. 그곳에서 쌓은 경험과 추억들도 소중했다. 그중에서도 회사는 더욱 중요했다. 높은 경쟁률을 뚫고 들어와서 많은 시간을 보냈고, 사회생활을 유지하기 위한 돈을 버는 곳이기 때문이었다. 그래서 주변에 항상 회사의 좋은 점만 말했고 회사와 관련된 일이라면 언제나 관심을 가졌다. 그렇게 했던 이유는 '우리 회사'라고 생각했기 때문이다.

그런데 두 가지 사건이 내 생각을 완전히 바꿔 놓았다. 첫 번째 사건은 신입사원 시절 현업에 있을 때 몸담았던 조직이 사라졌을 때다. 인사담당자이다 보니 함께 일했던 선배들이 집에 가는 모습을 가장 가까운 위치에서 보게 되었다. 조직의 큰 변화에 개인은 희생당할 수밖에 없었다. 이 사건을 통해 회사는 철저하게 이익을 위해 존재하는 집단이며, 직원들을 절대 책임지지 않는다는 사실을 절감했다.

두 번째 사건은 담당자로 참석한 승진심의위원회에서 이직에 대한 대표이사의 솔직한 마음에 들었을 때다. 여러 이야기가 오고 가던 중 공채사원들이 많이 퇴사했다는 내용이 거론됐다. 당연히 인사팀과 담당 임원을 꾸중할 것으로 생각했지만 예상외의 답변이 돌아왔다. "요즘은 능력 있는 사람이 이직하는 게 당연해요. 오히려 한 직장에만 오래 있는 사람은 시장에서 인정받지 못하고 있는 거죠." 사실 누구나 그렇게 생각하고 있었지만, 대표이사가 그 생각을 직접 말로 꺼낼 줄은 몰랐다. 이때 나는 망치로 얻어맞은 것처럼 꽤 큰 충격을 받았다. 회사가 공채사원들의 미래를 어느 정도 책임져줄 것이라고 순진하게 믿었기 때문이다.

회사는 고객을 위해서 존재할까? 아니면 직원을 위해서 존재할까? 아쉽지만 둘 다 아니다. 회사는 궁극적으로 주주들을 위해 존재하는 집단이다. 따라서 필연적으로 이익을 극대화하기 위한 의사결정을 내리고 조직운영을 할 수밖에 없다. 혹시 아직도 회사가 나를 책임져줄 것이라고 착각하는 사람이 있다면 확실히 말해줄 수 있다. 회사는 당신을 절대 책임져주지 않는다.

03. 나도 이제 떠나야겠다

회사는 여러 사람과 함께 살아가는 작은 사회다. 당연히 괜찮은 사람도 있고, 별로인 사람도 있다. 나를 좋아해 주는 사람도 있고, 싫어하는 사람도 있다. 특히 같은 조직에 있는 사람과는 어쩔 수 없이 경쟁하게 된다. 바로 평가 때문이다. 그래서 겉으로는 티를 안 내더라도 속으로는 은근히 경계한다. 그러므로 회사에서 마음이 맞는 사람을 찾는 것은 생각보다 쉽지 않다. 그러나 다행히도 잘 찾아보면 반드시 한두 명은 있다. 닮고 싶은 선배, 마음을 터놓고 얘기할 수 있는 동료, 하나라도 더 챙겨주고 싶은 후배. 이런 사람이 한 명이라도 있다면 회사 생활을 버틸 수 있는 큰 힘이 된다.

그런데 문제는 이런 소중한 사람들이 하나, 둘씩 회사를 떠나기 시작한다는 것이다. 떠나는 이유는 여러 가지가 있겠지만 어쨌든 그들이 떠난다는 사실은 우리에게 큰 아쉬움과 실망감을 준다. 물론 각자도생의 시대에서 이런 상황은 이미 익숙해졌을지도 모른다. 그러나 우리는 어쩔 수 없이 심리적인 존재이다. 소중한 사람들이 계속해서 떠나가면 의식적이든, 무의식적이든 상당한 영향을 받는다. 아무리 뚝심 있는 사람이라도 결국 언젠가는 나도 떠나야겠다는 생각을 하게 된다.

　한편 떠나야겠다는 생각이 드는 경우가 또 있다. 바로 핵심인재라고 인정받는 사람들이 떠나갈 때다. 이들은 큰 성과를 내서 발탁 승진을 했고, 극소수에게만 제공되는 고가의 교육을 지원받았기 때문에 아무래도 조직장이나 임원이 될 가능성이 크다. 그래서 이들이 계속 떠나가면 남아있는 사람들은 불안함을 느낀다. 보장된 미래를 포기한다는 것은 현재 회사에 불만이 있거나 조직에서 비전을 찾지 못한다는 것을 의미하기 때문이다. 따라서 핵심인재의 이탈은 회사와 조직에 있어 심각한 비상 신호이며, 일반 직원들도 대거 이탈하는 방아쇠가 될 수도 있다.

　마지막으로 현재 상황이 앞으로도 크게 바뀌지 않을 것 같다고 생각될 때도 그렇다. 나와 상극인 상사의 이해할 수 없는 생각과 행동, 나 혼자서 너무 많은 일을 감당하고 있는 이상한 조직구조와 상황, 매년 반복되는 비생산적이고 의미 없는 업무들, 부질없고 지긋지긋한 사내 정치, 치가 떨리는 직장 내 괴롭힘은 당장 쉽게 바뀌지 않을 것들이다. 혼자서 아무리 발버둥 쳐도 늪에 빠진 것처럼 악순환만 반복될 뿐이다. 끝이 보이지 않는 이 터널은 우리를 매우 지치게 한다. 최대한 버티고 버텨보다가 결국 포기한다. 애석하게도 우리의 곪아 터진 속사정을 제대로 아는 사람은 거의 없다. 이럴 때 우리는 생각한다. 나도 이제 여기를 떠나야겠다!

끝이 보이지 않는 이 터널은 우리를 매우 지치게 한다.
최대한 버티고 버텨보다가 결국 포기한다.
애석하게도 우리의 곪아 터진 속사정을 제대로 아는 사람은 거의 없다.
이럴 때 우리는 생각한다. 나도 이제 여기를 떠나야겠다!

01	회사는 돈 벌려고 다니는 거죠	
02	이 회사는 나를 책임져주지 않는구나	
03	나도 이제 떠나야겠다	

야, 너도 다른 회사에 갈 수 있어

2장.

이직이
도대체 뭔데!

01	첫 취업과 첫 이직의 차이점
02	이직 프로세스
03	이직 원칙

● ● ● 입력 중

01. 첫 취업과 첫 이직의 차이점

이직을 결심했지만, 막상 무엇부터 해야 할지 생각하면 막막하다. 먼저 경험한 선후배들에게 대략 듣기는 했지만, 실제 행동으로 옮기려고 하니 어렵고 잘 모르겠다. 취업준비생 시절에 했던 것들은 너무 오래돼서 가물가물하다. 설사 기억한다고 해도 이직은 분명 다른 점이 있을 것만 같다. 그렇다. 첫 취업과 첫 이직은 크게 보면 3가지가 다르다. 첫째, 명칭이 다르다. 첫 취업을 하면 신입사원으로 불리지만 첫 이직부터는 경력사원으로 불린다. 둘째, 연봉이 다르다. 첫 취업을 하면 대부분의 정해진 초봉이 있지만, 첫 이직을 하는 순간부터는 개인별로 연봉이 천차만별이다. 셋째, 시야가 다르다. 첫 취업을 하면 그 직장에서 겪는 것들이 전부이지만 첫 이직 후에는 기존 경험과 비교할 수 있는 눈이 생기고 바라보는 시야가 넓어진다.

이제부터는 첫 이직에 좀 더 초점을 맞춰서 살펴보자. 경력사원으로 이직하는 것의 가장 큰 특징은 무엇일까? 바로 '용병이 된다'는 것이다. 용병은 사적인 이익 추구를 위해 군사 분쟁에 참여하는 사람을 말한다. 분쟁과 관련 없는 외부인이기 때문에 정치적 이익보다는 금전 및 다른 형태의 보수라는 목적을 위해 싸운다. 실제로 많은 경력사원은 자신을 스스로 용병으로 표현한다. 회사에 대한 애증은 첫 직장만큼 높지 않으며, 정치적 싸움에도 예전만큼 관심이 없다. 그보다는 생존이 우선이다. 그래서 자신의 가치를 제대로 알아보는 곳이나 더 좋은 보수와 경험을 주는 곳으로 간다.

두 번째로 회사가 기대하는 바가 신입사원과는 완전히 다르다. 경력사원은 직무 성과와 경험을 중점적으로 평가해서 뽑기 때문에 입사 후 이른 시일 내에 성과를 창출하길 기대한다. 수습 기간이 있긴 하지만 그렇게 오랫동안 기다려주지 않는다. 대부분 공석을 충원하는 경우가 많아서 하루빨리 제 역할을 하길 원하는 것이다. 반면 신입사원에게는 당장 대단한 성과를 내주길 바라지 않는다. 장기적인 육성을 목표로 차근차근 가르치고 충분히 기다려준다. 비교적 고객과 가까운 눈높이에서 트랜드와 기술을 접목한 새로운 아이디어를 제안하길 원하는 것이다.

경력사원으로 이직하는 것의 세 번째 특징은 낯섦과 외로움이다. 이직하면 첫 직장에서 관계를 맺었던 사람들과 익숙했던 환경을 모두 내려놓아야 한다. 그래서 처음 이직한 사람은 입사일에 외톨이가 된 것 같은 쓸쓸하고 막막한 기분을 느낀다. 경력사원 대부분은 이것을 가장 힘들어한다. 업무는 금방 적응할 수 있지만 '사람'과 '환경'은 회사마다 달라서 충분한 시간이 필요하다.

먼저 사람은 기준에 따라서 상사/동료/후배, 부서원/사업부원/유관부서원, 공채/경력직 등 다양하게 구분해볼 수 있다. 그중 가장 중요한 것은 '상사와의 관계'다. 초반부터 상사의 개인 성향과 업무 스타일을 제대로 파악하지 못한다면 계속 어려움을 겪기 때문이다. 다음으로 '가장 많이 협업하는 동료와의 관계'다. 같은 부서원이나 유관 부서원 등 나와 함께 결과물을 만들어야 하는 사람이기 때문에 서로 잘 이해하고 우호적인 관계를 구축해야 한다.

다음으로 환경은 조직문화/일하는 방식/제도/시스템/사내용어/사무환경 등이 있다. 이 중 '조직문화'와 '일하는 방식'이 우리가 일할 때 실제로 가장 많이 영향을 끼친다. 제도와 시스템이 회사와 조직을 구성하는 하드웨어라면 조직문화와 일하는 방식은 이를 굴러가게 만드는 소프트웨어이기 때문이다. 그래서 이직할 회사를 결정할 때는 반드시 이 두 가지를 제대로 파악해야 한다. 이미 입사하고 나서 뒤늦게 알아본다면 돌이킬 수 없다. 이를 파악하는 방법은 5장의 <01. 회사 낱낱이 파헤쳐보기>와 9장의 <02. 3개월간 가장 먼저 파악할 것들>에서 자세히 다룬다.

제도는 사내규정이나 취업규칙이 있다면 꼼꼼히 읽고 정확하게 숙지하자. 시스템은 자존심 따위는 잠시 내려놓고 파워 유저에게 일단 제대로 배워라. 이후에 반복 숙달을 통해 철저하게 내 것으로 만들어야 한다. 다음으로 사내용어는 같은 업종 내에서 이직하면 크게 어려움이 없지만, 전혀 다른 업종으로 이직하는 경우라면 반드시 파악해야 한다. 그들의 언어를 모르면 성과를 내기는커녕 바보가 될 수 있기 때문이다. 처음에는 마치 외국어처럼 들리겠지만 익숙해지기 위해서는 남모르게 노력하는 수밖에 없다. 마지막으로 사무환경은 업무 효율성을 극대화하기 위해 적절한 세팅이 필수다. 이는 9장의 <01. 입사일에 해야 할 일들>에서 다뤄보겠다.

02. 이직 프로세스

이직의 프로세스는 과연 무엇이며, 어떻게 진행될까? 크게 보면 서류전형 - 면접 전형 - 레퍼런스 체크 - 연봉협상으로 이뤄져 있다. 서류전형과 면접 전형은 신입사원 채용과 비슷해 보이지만 평가하는 포인트가 엄연히 다르다. 연봉협상과 레퍼런스 체크는 신입사원 채용에는 없는 프로세스이기 때문에 아직 경험해보지 않은 첫 이직자에게는 어렵게 느껴질 수밖에 없다. 지금부터 각 전형별 특징을 자세히 알아보자.

[서류전형]

경력사원 채용의 서류전형은 어떤 점이 다를까? 결론부터 말하자면, 제출서류와 평가 기준에서 차이점이 있다.

구분	신입사원 채용	경력사원 채용
제출서류	이력서와 자기소개서만 제출한다. 자기소개서 제출이 필수다. 초봉이 정해져 있어서 기재하지 않는다.	경력기술서를 필수로 제출한다. 자기소개서는 대부분 필수가 아니다. 연봉 정보를 기재해야 한다.
	직무에 따라 포트폴리오를 제출하기도 한다.	
평가기준	직무 경험과 역량 중심으로 평가한다. 직무 관련 인턴, 사업 경험에 가산점을 준다. 지원자의 학력/전공/학점 등을 참고한다. 사회경험, 조직생활 여부를 고려한다.	직무 경험과 성과 중심으로 평가한다. 타겟기업 재직자는 가산점을 준다. 지원자의 연봉 정보를 참고한다. 총 경력과 직위/연차를 고려한다.

제출서류부터 순서대로 살펴보자.

1. 경력기술서를 필수로 제출한다.

먼저 경력기술서는 직무 경험을 상세하게 소개하는 것으로, 종합적인 이력서라고 보면 된다. 영어로는 커리큘럼 비태 Curriculum Vitae 또는 약어로 CV라고 부른다. 이력서가 경력을 간략하게 요약한 것이라면 경력기술서는 과거의 경력이나 성과, 프로젝트 경험 등을 매우 상세하게 서술한다. 신입사원 입사 지원 시에는 이력서만 제출하면 된다. 하지만 경력사원은 포지션에 적합한 경력을 갖추고 있다고 어필해야 하므로 경력기술서를 제출한다. 경력기술서 작성법은 3장의 <02. 나를 매력적으로 상품화하기>에서 자세히 다루겠다.

2. 자기소개서는 대부분 필수가 아니다.

다음으로 자기소개서 이하 자소서 는 필수 제출이 아닌 경우가 대부분이다. 신입사원 채용에서는 자소서가 중요한 평가항목 중 하나인 것과 대조된다. 신입사원은 평가할 정보가 제한되며, 레퍼런스 체크를 하기도 사실상 어렵다. 따라서 자소서를 통해 생각과 논리, 역량과 경험을 종합적으로 평가하는 것이다. 반면에 경력사원은 직무 경험과 경력이 상대적으로 많아서 이 정보들을 기반으로 객관적으로 평가할 수 있다. 필요하면 레퍼런스 체크도 가능하므로 굳이 자소서를 요구하지 않는 것이다. 물론 요구하는 회사도 있으니 잘 준비하자. 자소서 쓰는 방법은 3장의 <05. 읽어보고 싶은 자기소개서 작성법>에서 다루겠다.

3. 연봉 정보를 기재해야 한다.

경력사원은 서류전형 시 연봉 정보를 기재해야 한다. 채용 홈페이지를 통해 지원하는 경우는 지원서에 기재하고, 헤드헌터를 통해 지원하는 경우는 그들에게 직접 알려주기도 한다. 이때 제출하는 연봉 정보는 두 가지인데, 바로 현재 연봉과 희망연봉이다. 먼저 현재 연봉은 계약 연봉을 기준으로 쓰면 된다. 그런데 고정수당이나 기타 현금성 처우가 있는 경우에는 이를 포함해서 고정연봉 금액을 기재하기도 한다. 또한, 성과급에 대한 정보는 별도로 기재한다. 다음으로 희망연봉은 합리적인 범위 내에서 가급적 높게 적어야 한다. 기업에서 연봉 정보를 요구하는 이유는 최종면접 합격 이후 연봉협상, 즉 처우 협의를 진행하기 위함이다. 연봉협상에 대해서는 <7장. 연봉협상 진짜 잘하고 싶다!>에서 자세히 알아보도록 하자.

4. 직무에 따라 포트폴리오를 제출하기도 한다.

포트폴리오는 다행히 특정 직무만 제출하면 된다. 디자인이나 미디어 직무와 같이 성과를 시각적으로 보여줘야 하는 영역이 주로 해당한다. 말로 설명하기에는 한계가 있어서 직접 만들고 기획한 결과물을 보여주는 것이다. 그것이 훨씬 설득력 있고 신뢰를 주기 때문이다. 포트폴리오는 대부분 자유 형식인데, 이를 어떻게 구성하는지도 지원자의 감각과 역량을 평가하는 항목이 될 수 있다. 이러한 점 때문에 포트폴리오를 처음 만들 때는 대부분 어려움을 겪는다. 하지만 요즘 시중에 포트폴리오 관련 좋은 서적이 많고, 블로그나 유튜브에도 좋은 정보가 많이 있으니 참고하는 것을 추천한다.

이제부터는 서류전형의 평가 기준을 살펴보자.

1. 직무 경험과 성과 중심으로 평가한다.

먼저 경력사원은 직무 경험과 성과를 중심으로 평가한다. 역량과 잠재력을 중심으로 평가받는 신입사원과 달리 경력사원은 업무에 바로 투입되어 전임자보다 뛰어난 결과물을 만들어야 한다. 혹은 기존에 없던 새로운 영역을 개척해야 한다. 따라서 지원자가 현 직장에서 실제 담당했던 업무들과 그 안에서 맡았던 역할, 정량/정성적으로 기여한 성과가 중요하다. 이것들이 얼마나 구체적이고, 일목요연하게 쓰여 있는지에 따라 평가결과가 충분히 달라질 수 있다. 이에 대해서는 3장의 <04. 합격을 부르는 경력기술서 작성법>에서 살펴보자.

2. 타겟기업 재직자는 가산점을 준다.

다음으로 타겟기업에 재직 중인 지원자에게는 가산점을 준다. 기업에서 채용하는 포지션은 직무기술서 Job Description 상에 담당업무, 필수조건, 우대사항 등이 정해져 있다. 그런데 여기에 표시되어 있지는 않지만 사실 타겟기업도 이미 정해져 있다. 타겟기업은 동종업계 경쟁사 또는 해당 분야를 가장 잘한다고 알려진 기업이다. 따라서 그곳에서 핵심 역할을 하는 키맨 Key man 을 영입하는 것이 경력사원 채용에 있어서 최상의 아웃풋이다. 키맨 영입이 어렵다면 그다음으로 잘하는 사람을 데려오면 된다. 물론 타겟기업 출신이라고 해서 모든 회사에서 잘한다는 보장은 없으므로 철저한 레퍼런스 체크가 필요하다. 그리고 재직 중이 아니라도 비교적 최근 타사로 이직한 타겟기업 출신이라면 먼저 고려한다.

3. 지원자의 연봉 정보를 참고한다.

경력사원 서류전형 시에는 지원자의 연봉 정보를 미리 참고한다. 여기에는 여러 가지 이유가 있다. 먼저 현재 연봉 수준이 너무 높으면 최종면접에 합격하더라도 데려오지 못할 수 있기 때문이다. 기업에는 직위/연차 별로 연봉 수준이 어느 정도 정해져 있는데 지원자의 연봉이 이 범위를 초과하면 조직 내 인건비를 과도하게 차지하게 된다. 따라서 아무리 뛰어난 지원자라고 해도 기업 측에서 먼저 포기하는 상황이 발생할 수 있다. 연봉 정보를 참고하는 또 다른 이유는 지원자의 시장가치를 객관적으로 판단하기 위함이다. 만약 지원자의 현재 연봉이 보유한 역량보다 낮게 책정이 되어있다면 적당한 연봉 수준으로 영입할 수 있다. 반면에 역량 대비 연봉이 너무 높다고 판단되면 서류전형부터 불합격시킬 수 있다.

4. 총 경력과 직위/연차를 고려한다.

마지막으로 총 경력과 직위/연차를 고려한다. 총 경력을 보는 이유는 해당 분야의 전문성이 얼마나 있는지 가늠해보기 위해서다. 그런데 전체기간 중에서 전혀 다른 직무를 수행한 기간이 더 길다면 해당 경력은 인정하지 않을 가능성이 있다. 직위/연차를 보는 이유는 조직 내 균형을 확인하기 위함이다. 서류전형 시 채용담당자가 일차적으로 검토하지만, 당락은 해당 조직장이 결정한다. 조직장은 지원자가 들어오면 구성원들과 조화가 어떨지를 먼저 본다. 이때 나이와 성별도 고려하지만, 직위/연차를 우선으로 따져본다. 특히 선임급을 뽑을 때가 민감한데 누가 오는지에 따라 차기 팀장이 결정될 가능성이 크기 때문이다.

[면접전형]

두 번째 프로세스는 면접 전형이다. 면접은 대부분 팀장급이 주관하는 1차 면접과 임원급이 주관하는 2차 면접으로 진행된다. 혹은 조직구조나 포지션 중요도에 따라서 1차 면접으로 한 번에 끝나는 때도 있고, 3~4차 면접까지 여러 차례 진행되기도 한다. 먼저 1차 면접은 철저하게 직무 중심으로 평가한다. 팀장과 선임급 실무자가 함께 보는 경우가 많은데 아주 깊이 있는 수준까지 물어본다. 따라서 본인이 직접 해보지 않았거나 정확히 모르는 부분이라면 경력기술서에 솔직하게 기재하고 면접 시에도 가감 없이 답변해야 한다.

[레퍼런스 체크]

세 번째 프로세스는 레퍼런스 체크다. 처음 경험해보면 걱정되겠지만 너무 염려할 필요는 없다. 레퍼런스 체크가 모든 후보자를 대상으로 진행되는 것은 아니기 때문이다. <6장. 레퍼런스 체크가 은근히 걱정되네>에서 자세히 다루겠지만 전문업체를 통한 레퍼런스 체크는 비용이 상당히 많이 든다. 그러므로 꼭 필요하다고 판단되는 후보자에 대해서 한정적으로 진행하는 경우가 더 많다. 예를 들어, 중요한 포지션, 이슈가 있는 포지션, 경영진이나 현업에서 레퍼런스 체크를 요청한 후보자 등이다. 웬만해서는 악평이 잘 나오지 않고, 치명적인 약점이 있거나 징계 이력이 있는 것이 아니라면 채용을 취소하거나 불합격시키기 어려우므로 크게 걱정하지 않아도 된다.

[연봉협상]

마지막 프로세스는 연봉협상이다. 이직 시 진행되는 연봉협상은 처우 협의라고 부르는데, 후보자의 입사 시 처우에 대해서 의논하는 단계다. 연봉협상은 경력사원 채용을 대표하는 프로세스로 후보자 입장에서는 사실상 가장 중요한 단계다. 앞에서 진행된 전형들은 모두 연봉협상을 잘하기 위한 전초전이었을 뿐이다. 면접을 아무리 잘 봤더라도 원하는 처우로 이직하지 못한다면 실패한 이직이나 다름없다. 프로의 세계에서 실력은 곧 몸값으로 대변되기 때문이다. 성공적인 연봉협상을 위한 방법은 <7장. 연봉협상 진짜 잘하고 싶다!>에서 구체적으로 다루니 여러분도 탐독해서 좋은 결과를 얻을 수 있기를 응원한다.

<이직 시 채용 프로세스>

1. 서류전형	2. 면접전형	3. 레퍼런스 체크	4. 연봉협상
• 제출서류 - 경력기술서 필수 - 연봉정보 기재 • 평가기준 - 직무 경험과 성과 - 타겟기업 재직 시 가산점 - 지원자의 연봉 참고 - 총 경력, 직위/연차 고려	• 대부분의 회사는 1차 면접(팀장)과 2차 면접(임원)으로 진행 • 조직구조나 포지션 중요도에 따라 1회, 또는 N차 면접 진행 • 철저히 직무 중심으로 평가(깊이 있는 수준까지 질문) • 솔직한 답변 필요	• 특정 포지션, 후보자 대상으로만 한정적으로 진행 • 전문업체 통한 평판 조회가 일반적임 • 심각한 약점 있거나 평소 적을 둔 것이 아니라면 악평이 잘 나오지는 않음 • 불합격 처리가 되는 경우는 매우 드문 편	• 후보자의 처우를 의논하는 단계 • 경력사원 채용의 대표 프로세스로 후보자 입장에서 가장 중요한 부분 • 원하는 처우로 이직하지 못한다면 실패한 이직

03. 이직 원칙

지금까지 이직의 전반적인 프로세스를 살펴보았다. 이제부터는 이직의 원칙에 대해서 알아보자. 여기서 말하는 원칙은 어떤 정해진 규정이나 진리가 아니라 바로 나 자신의 기준을 말한다. 사실 우리는 마음속에 이직에 대한 원칙을 이미 가지고 있다. 본인 일이기에 누구보다 잘 알고 있고 수없이 고민해봤기 때문이다. 이직 선배들에게 조언을 구할 수는 있겠지만 내 생각이 없으면 오히려 더 혼란스러워진다. 사람마다 살아온 환경과 각자 처한 상황이 달라서 생각과 가치관이 다르고 정답도 없기 때문이다. 결국, 스스로 판단해서 결정을 내렸을 때 최적의 답을 얻을 수 있다.

이직은 삶에서 매우 중요한 문제이지만 너무 복잡하게 생각할 필요는 없다. 그래서 나만의 이직 원칙을 수립하기 위한 간단하고 좋은 방법을 추천한다. 바로 육하원칙을 활용하는 것이다. 여섯 가지 카테고리 내에서 질문을 던져보면 답을 찾기가 한층 수월할 것이다. 아래 질문들은 내가 생각하는 이직 시 핵심질문이다.

1. [Why] 나는 왜 이직을 결심하게 됐지?
2. [Who] 나는 누구 때문에 이직하려고 하지?
3. [What] 나는 이직을 통해서 구체적으로 무엇을 얻고 싶을까?
4. [When] 어느 시점에 이직하는 것이 나에게 가장 좋을까?
5. [Where] 나는 어느 업종/기업으로 이직하고 싶지?

6. [How] 나는 연봉을 얼마 정도 올려서 가고 싶지?

7. [+a] 후회 최소화의 원칙: 내가 어떤 선택을 했을 때 나중에 덜 후회할까?

위의 질문들을 두 부분으로 구분해보자면 이직을 결심하기 전에 필요한 질문[1번과 2번] 과 이직을 결심한 후 필요한 질문[3번~7번] 이다. 각 부분에서 가장 중요한 질문을 꼽으라면 1번과 3번이다. 특히 3번은 어떻게 답변하는지에 따라 4~6번 질문에 대한 답변이 달라질 수 있으므로 가장 중요하다. 이제 각 질문에 대해 자세히 한 번 살펴보자.

1. [Why] 나는 왜 이직을 결심하게 됐지?

Why는 가장 본질적이고 중요한 질문이다. 당신은 현재 다니고 있는 회사가 만족스러웠다면 이직을 결심하지 않았을 것이다. 그리고 직장 생활이 아닌 다른 일을 하려고 했다면 이직을 생각하지 않았을 것이다. 이 질문에 대한 답은 처음 이직을 생각한 순간에서 찾을 수 있다. 그것은 어떤 사건일 수도 있고, 누군가가 했던 말 한마디일 수도 있다. 긍정적인 것일 수도 있고, 부정적인 것일 수도 있다. 어쨌든 당신은 이 순간을 기점으로 이직을 생각했다. 이러한 생각의 씨앗이 계속 자라나서 결국 결심이라는 열매를 맺게 된다. 내가 이직을 결심한 진짜 이유는 무엇이었는지 처음 이직을 생각하게 됐던 순간을 곰곰이 돌이켜보자.

하지만 결심을 했더라도 이직하는 것이 반드시 능사는 아니다. 만약 굳이 이직하지 않아도 문제의 원인을 해결할 방법이 있다면 일단 시도해보자. 해보고 이직하는 것과 안 해보고 하는 것은 많이 다르기 때문이다. 내가 아는 후배는 입사 후에 부서 이동을 수차례 희망했지만, 첫 부서에서 놓아주지 않아서 한 번도 성공하지 못했다. 그래서 대리가 되고 나서 이직을 결심했는데 마침 담당 임원과 팀장이 바뀌면서 마지막으로 부서 이동을 시도했고, 결국 성공하여 현재는 만족스럽게 다니고 있다. 해보고 결정해도 늦지 않다면 시도해보자.

반면에 이직 외에는 결코 해결할 수 없는 문제라면 뒤도 돌아보지 말고 과감하게 행동으로 옮기자. 조직의 상황에 대한 걱정이나 미안함을 느끼지 않아도 된다. 우려와 달리 조직은 내가 없어도 잘 돌아간다. 너무 많은 생각을 하게 되면 아무것도 못 한다. 지원한다고 해서 반드시 합격한다는 보장도 없으니 일단 계속 시도하면서 합격한 후에 생각해도 늦지 않다.

2. [Who] 나는 누구 때문에 이직하려고 하지?

혹시 당신은 누구 때문에 이직하려고 하는가? 상사나 동료, 후배 중 하나이겠지만 아마 대부분은 상사 때문일 것이다. 직접적인 갈등이 있을 수도 있고, 성향이나 생각이 잘 안 맞을 수도 있다. 바로 위의 팀장 때문일 수도 있고, 그 위의 임원 때문일 수도 있다. 그러나 한 번 생각해보자. 상사가 오래 다닐 가능성보다는 내가 더 오래 다닐 가능성이 크다. 만약 회사나 일, 동료들은 만족스러운데 단지 상사 때문에 이직하려고 한다면 다시 한번 생각해보자. 먼저 나갈 사람 때문에 이직하는 것은 너무 억울하지 않은가? 물론 이직의 이유가 상사 때문만은 아니라면 복합적으로 따져보고 신중하게 결정하자.

만약 동료 때문이라면 일대일 대화를 통해 생각보다 잘 해결해볼 수 있다. 이직을 하더라도 관계를 잘 마무리해야 후회가 안 남기 때문에 서로 오해나 불만이 있다면 일단 풀어보는 것이 좋다. 나를 정신적으로 힘들게 하거나 사내정치만 잘해서 얄미운 사람 때문이라면 때로는 시간이 해결해주기도 한다. 버티다 보면 그 사람이 어느 날 갑자기 퇴사하거나 부서 이동을 해서 눈에서 보이지 않게 되기 때문이다. 직장생활을 하면서 관계는 중요한 부분이며 어느 회사나 조직을 가더라도 어려움은 항상 있기 마련이다. 먼저 잘 해결해보는 것에 초점을 맞춰보자. 많은 노력에도 불구하고 개선되지 않는다면 그때 옮겨보면 어떨까?

3. [What] 나는 이직을 통해서 구체적으로 무엇을 얻고 싶을까?

이직의 목적에 대한 질문이다. 이직을 통해서 어떤 가치를 얻고 싶은가? 대부분 경험이나 돈 중 하나일 것이다. 답변은 구체적일수록 좋다. 예를 들어, 얻고 싶은 것이 경험이라면 해보지 못한 업무나 영역일 수 있다. 직책을 맡는 것일 수도 있고, 새로운 업종이나 회사에 대한 경험일 수도 있다. 이처럼 얻고 싶은 부분에 대해서 최대한 상세하게 고민해보자. 이를 위한 좋은 방법 중 하나는 커리어 골과 커리어 패스를 생각해보는 것이다. 가고자 하는 목적지와 방향이 명확하다면 이를 위해서 얻어야 할 것들도 확실해진다.

4. [When] 어느 시점에 이직하는 것이 나에게 가장 좋을까?

커리어 골과 커리어 패스에 따라 대략적인 타임라인이 그려질 것이다. 이렇게 큰 그림에서 생각해둔 시점에 이직을 시도하는 것이 좋다.

하지만 직위나 직무에 따라 시장에서 잘 팔리는 시점이 있다. 그리고 이직을 하고 싶다고 해서 반드시 성공한다는 보장은 없다. 따라서 여러 가지를 복합적으로 고려해보면서 나의 가치를 극대화할 수 있는 최적의 이직 타이밍을 노려보자.

5. [Where] 나는 어느 업종/기업으로 이직하고 싶지?

이직을 통해 얻고 싶은 것이 정해졌다면 어느 업종과 기업에서 그것을 얻을 수 있는지 최대한 알아보자. 먼저 다양한 경로와 사람을 통해서 최대한 많은 정보를 얻자. 여러 기업을 분석하고 비교해본 후에 결정해도 늦지 않다. 선택지가 많다고 해서 반드시 좋은 것은 아니지만 하나의 선택지만 가지고 결정하는 것은 위험할 수 있다. 더 나은 곳과 더 좋은 방법이 있을 수도 있는데 한 가지만 본다면 최고의 선택을 내리지 못하기 때문이다. 그러면 나중에 후회하게 될 가능성이 매우 크다. 한 번의 작은 선택으로 인생의 방향이 크게 달라질 수 있다는 점을 항상 기억하자.

6. [How] 나는 연봉을 얼마 정도 올려서 가고 싶지?

얻고 싶은 것이 돈이라면 연봉을 얼마나 높이고 싶은지 구체적으로 생각해야 한다. 현재 연봉과 큰 차이도 없는데 굳이 낯선 환경에서 적응하느라 고생할 필요는 없기 때문이다. 이를 위해서는 복리후생을 포함하여 현재 처우를 정확하게 파악하고, 현 직장에 잔류 시 예상되는 처우까지도 계산해볼 수 있어야 한다. 이를 기반으로 희망연봉 금액을 산정하고, 합당한 논리와 근거도 마련할 수 있기 때문이다. 철저하게 준비해야만 연봉협상에서 원하는 바를 얻어낼 가능성이 커진다.

7. [+a] 후회 최소화의 원칙 : 내가 어떤 선택을 했을 때 나중에 덜 후회할까?

아마존의 제프 베조스는 고민이 있을 때 결정을 내리기 위한 본인만의 원칙을 가지고 있다. 바로 '후회 최소화의 원칙'이다. 내가 80세가 되었을 때 과거를 돌아보면 후회하지 않을 선택인가를 생각해보는 것이다. 이직에서도 같은 원칙을 적용해볼 수 있다. 1년, 3년, 5년, 10년 뒤에 과거를 돌아보았을 때 지금의 결정을 후회하지 않을 자신이 있는지 생각해보자. 어떤 결정을 내렸을 때 덜 후회할 것 같은가? 미래의 자신에게 물어보면 알 수 있을 것이다. 이미 당신 안에는 어느 정도 답이 나와 있다. 자신에게 솔직해지자.

지금까지 이직의 원칙을 세우기 위한 핵심질문들을 살펴보았다. 이제 228페이지에 수록된 부록 1. <나만의 이직 원칙 수립을 위한 질문 50>을 펴보자. 각 질문에 직접 답변을 적어보면서 나만의 원칙을 명확하게 세워보자. 모든 질문에 대해 다 답할 필요는 없다. 쭉 읽어 내려가면서 마음에 와닿거나 눈에 띄는 질문이 있다면 그것에 대해서 심도 있게 생각해보자. 만약 그런 질문이 없다면 육하원칙을 활용해서 나만의 질문을 직접 만들어보는 것도 좋은 방법이다.

235페이지에 수록된 부록 2. <선배 이직러가 들려주는 경험담 인터뷰>는 실제 이직을 경험한 사람들을 인터뷰한 것이다. 각자의 원칙을 바탕으로 결정을 내렸던 그들의 이야기를 들어보자. 여러 사례를 들어보는 것이 도움이 되므로 성공적인 이직부터 실패한 이직, 재입사 사례까지 다양하게 담아보았다. 한 번 읽어보고 나라면 어떻게 판단했을지 생각해보자.

지금까지 이직의 프로세스와 원칙을 살펴보았다. 그렇다면 이직을 하기 위해서 무엇을 어떻게 준비해야 할지 궁금할 것이다. 지금부터는 경력직 채용 프로세스에 따라 단계별로 구체적인 방법을 제시하고자 한다. 이직은 생각보다 그렇게 어렵지 않다. 그대로만 잘 따라온다면 효율적이고 효과적으로 준비할 수 있을 것이다.

01	첫 취업과 첫 이직의 차이점
02	이직 프로세스
03	이직 원칙

야, 너도 다른 회사에 갈 수 있어

3장.

이제 뭐부터
준비해야 하지?

01	나를 객관적으로 돌아보기
02	나를 매력적으로 상품화하기
03	평가자 눈에 띄는 이력서 작성법
04	합격을 부르는 경력기술서 작성법
05	읽어보고 싶은 자기소개서 작성법

● ● ● 입력 중

01. 나를 객관적으로 돌아보기

본격적인 이직 준비를 시작하기에 앞서 해야 할 일이 있다. 바로 객관적인 관점에서 나의 커리어를 돌아보는 것이다. 하지만 자신을 냉정하게 본다는 것은 생각보다 쉽지 않다. 이때 좋은 방법은 직접 적어보는 것이다. 나의 경력과 경험, 성과를 구체적으로 나열하면서 정리해보자. 그런데 애석하게도 우리는 몇 년 전에 했던 일들을 일일이 다 기억하지 못한다. 어떻게 해야 정확하게 기억해낼 수 있을까?

1. 인사평가 결과 돌아보기

다행히도 우리에게는 훌륭한 기록이 있다. 바로 매년 진행되는 인사평가결과다. 평가결과를 보면 우리가 했던 것들이 정량적, 정성적으로 잘 정리되어 있다. 1년간 진행한 업무와 성과들을 인정받기 위해서 기억을 최대한 끄집어내어 쓰기 때문이다. 이제 사내 e-HR 시스템에 들어가서 연도별 평가결과를 다운로드 받자. 이력서와 경력기술서에 이 내용들을 활용할 것이기 때문에 화면 캡쳐보다는 복사가 가능하도록 다운로드하는 방법을 추천한다. 만약 다운로드 기능이 없다면 약간의 수작업이 필요하다. 년도별/항목별로 글을 하나씩 복사해서 엑셀에 붙여넣고 보기 좋게 정리하자.

그런데 이전 평가결과를 조회할 수 없는 회사도 있을 것이다. 이는 인사팀에서 평가 히스토리에 대한 조회를 막아놓았기 때문이다. 매년 평가결과를 다운받아 놓았다면 다행이지만 그러지 않았다면 평가

담당자에게 잠깐 풀어달라고 요청하자. 예전 평가 중에 다시 확인하고 싶은 부분이 있다고 말하면 된다. 평가결과가 준비되었다면 이제 커리어를 정리해보자.

2. 커리어 정리하기

첫 번째로 커리어를 정리할 기준을 정해야 한다. 어떤 기준을 가지고 정리하는 것이 좋을까? 동일 직무 담당자 사이에서 통용되는 기준으로 하면 좋다. 일반적으로 직위/연차별로 요구되는 담당업무, 역량, 커리어 패스가 있다. 예를 들어, 인사 담당자에 대해서 담당업무를 기준으로 살펴보자. 통상적으로 주니어 때는 채용이나 급여 업무를 담당하고, 중간관리자가 되면 평가/보상을 담당한다. 그리고 시니어가 되면 인사기획이나 글로벌 HR를 담당한다. 따라서 '채용 – 인력운영 – 평가 – 보상 – 인사기획 - 글로벌 HR'로 정리해볼 수 있다. 어느 직무든지 이런 기준이 형성되어 있다.

만약 내 직무의 정리 기준을 잘 모르겠다면 경쟁사나 탑티어 Top tier 회사의 기준을 참고하면 좋다. 혹은 직무 관련 서적을 읽어보거나 온라인 커뮤니티, 직무 선배를 통해 물어보는 것도 좋은 방법이다. 그런데 이러한 기준은 사람이나 관점에 따라 다양하므로 가장 일반적인 기준이나 커리어를 돋보이게 하는 기준으로 고르는 것이 유리하다.

두 번째로 담당업무별 세부업무를 구분하자. 만약 채용 업무를 맡았다면 채용 기획, 채용 브랜딩, 운영 고도화, 임원 채용, 경력사원 채용,

신입사원 채용 등으로 기재하면 된다. 여기서부터 미리 준비한 인사평가 결과를 참고하자. 그러면 놓치지 않고 쓸 수 있을 것이다.

마지막으로 세부업무 내에서의 역할과 성과를 정리하자. 만약 채용 브랜딩을 해봤다면 채용 홈페이지 구축, 조직문화/직무 영상 제작, 유튜브 채널 운영 등을 적으면 된다. 실제로 경험한 담당업무 위주로 정리해보자.

<인사담당자의 커리어 정리 예시>

담당 업무	세부 업무	역할 및 성과
채용	채용 브랜딩	채용 홈페이지 구축
인력운영	채용 기획	조직문화/직무 영상 제작
평가	운영 고도화	유튜브 채널 운영
보상	임원 채용	온오프라인 채용설명회
인사기획	경력사원 채용	신규입사자 웰컴키트 제작
글로벌 HR	신입사원 채용	신규입사자 가이드북 제작

이렇게 체계적이고 구체적으로 정리할수록 지원서를 작성할 때와 면접 볼 때 도움이 된다. 그리고 내 경력 중에 어떤 것이 강점이고 약점인지 알 수 있고, 경험이 풍부한 부분과 부족한 부분도 파악해볼 수 있다. 평가자들도 이런 것들을 위주로 물어보기 때문에 이에 대해 어떻게 답변을 할지 미리 생각해보면 좋다. 커리어를 정리하는 가장 좋

은 방법은 평소에 경험과 성과를 정리해 놓고 지속해서 업데이트하는 것이다.

<커리어 정리 방법>

- 정리 기준 : 직위/연차별 요구되는 담당업무, 역량, 커리어 패스
- 정리 순서 : 담당업무 → 세부업무 → 역할 및 성과
- 참고자료 : 인사평가 결과 내용 본인 평가, 상사평가

3. 성과 정리하기

특히 이 중에서 성과는 숫자 중심으로 정리해야 한다. 우리 뇌는 숫자를 좋아하기 때문이다. 명확한 숫자로 어필하면 훨씬 더 직관적이고 뇌에 각인된다. 또한, 우리를 평가할 팀장과 임원은 대부분 수치 중심의 사고를 하므로 숫자로 어필하는 것이 유리하다. 숫자로 표현하기 어려운 직무도 있겠지만 잘 생각해보면 충분히 표현할 수 있다. 매출이나 이익 외에도 숫자로 표현할 지표는 많기 때문이다. 예를 들어, SNS 마케팅 직무라면 조회 수나 좋아요 수, 팔로워 수 등도 중요한 성과지표가 될 수 있다. 따라서 내 직무에서 수치로 성과를 최대한 돋보이게 할 수 있는 지표는 무엇인지 신중하게 고민해보자.

프로젝트 중심으로 성과를 정리하는 방법도 있다. 차별화된 경험이 아니면 일반적인 기준으로 경력을 기술했을 때 평가자의 눈에 띄기 어렵다. 따라서 성과를 효과적으로 어필하기 위해서는 지금까지 수행하고 성공시킨 핵심 프로젝트를 기술하면 좋다. 프로젝트는 특정한 목표

를 가지고 짧게 몇 주에서 길게는 1년 이상까지 일정기간 동안 수행한 것이어야 하며, 그 안에서 나의 역할과 성과가 명확히 드러나야 한다. 만약 그렇지 못하다면 차라리 어필하지 않는 것이 낫다. 프로젝트를 기술하는 방법은 다음과 같다.

- 회사명/부서명/직급
- 프로젝트명
- 기간
- 주요역할
- 담당업무

<예시>

- A회사/인사팀/대리
- 프로젝트명 : 채용 통합솔루션 도입
- 기간 : 2022.04.01~2022.07.30
- 주요 역할 : 채용 프로세스 효율화 및 자동화
- 담당 업무 : 채용 홈페이지 구축, 상시 인재 풀(Pool) 확보,
            입사지원서/인적정보 간소화, 면접평가/코멘트 히스토리화,
            화상 면접 프로세스 구축, 개인정보보호 해결

4. 강점 정리하기

마지막으로 앞에서 정리한 커리어들을 통해 나만의 강점을 정리해 보자. 강점은 업적과 역량으로 나눠서 정리해보면 좋다. 먼저 업적에서

의 강점은 경력일 수도 있고, 경험이나 성과일 수도 있다. 일단 생각나는 것부터 쭉 적어보자. 순서는 이후에 바꿔도 상관없다. 결과적으로 나를 가장 잘 드러낼 수 있는 강점이면 된다. 구체적으로 서류 평가자에게 각인될 수 있는 단어나 문장, 면접에서 자신 있게 어필할 수 있는 부분, 헤드헌터가 나를 추천할 때 언급하기 좋은 포인트 등이다. 만약 생각이 잘 안 나거나 뭘 써야 할지 모르겠다면 앞에서 준비한 인사평가 결과를 참고하자. 상사가 최대한 객관적인 입장에서 평가한 것이므로 평가 코멘트 중에서 분명 참고할 만한 부분이 있을 것이다.

한편 역량에서의 강점은 KSA를 활용하면 좋다. KSA는 Knowledge지식, Skill기술, Attitude태도 의 줄임말로 직무역량을 평가할 때 많이 사용하는 도구다. 물론 역량이 이 세 가지로 다 표현될 수는 없겠지만 이 정도면 충분하다. 먼저 Knowledge지식 는 직무지식을 말한다. 지원한 직무의 담당자라면 알아야 하는 기본 지식을 쓰면 된다. 나아가 아는 사람이 많지 않은 고급 지식을 쓰면 더 좋다. 예를 들어, 인사 직무에서 근로기준법에 대한 지식은 기본이지만 노무 지식을 깊게 아는 사람은 많지 않기 때문에 이 부분을 어필한다면 더 좋은 점수를 받을 수 있다. 직무 관련 자격증 시험에서 1차라도 합격했다면 이것도 어필하자. 만약 회계 직무 지원자가 회계사 자격증이 있다면 무조건 좋은 점수를 받을 것이다.

Skill기술 은 직무를 수행하거나 성과를 만들 수 있는 특정 방법이나 능력을 말한다. 가장 쉽게 떠올릴 수 있는 것은 엑셀이나 파워포인트 같은 OA 활용 역량, SAP나 오라클 같은 시스템 활용 역량, 외국어 역량 등이 있다. 해당 직무에서 필요한 기술을 가지고 있다면 최대한 적어보자. 순서는 직무에서 중요하다고 생각되는 것부터 쓰는 것이 좋다. 요즘은 특히 디지털, 데이터, AI와 관련된 기술이 각광을 받다 보니 그런 쪽에 보유한 기술을 어필한다면 조금 더 긍정적으로 평가받을 여지가 있다. 이런 추세는 앞으로 점점 더 가속화될 것으로 보인다.

Attitude^{태도}는 내가 생각하는 것과 다른 사람이 바라보는 것을 적절히 섞는 것이 좋다. 스스로 강점이라고 생각되는 부분과 평소 상사나 동료 등 주변 사람들에게서 들었던 말들을 결합하는 것이다. 예를 들어, 남들에게 들었던 말 중 가장 뿌듯했던 말을 떠올리면 된다. 혹은 미처 인지하지 못했던 부분인데 여러 번 들어봤다면 그 점이 나의 강점일 수도 있다. 가장 쉬운 방법은 마찬가지로 인사평가 중 역량평가 코멘트를 참고하는 것이다. 만약 사내에 다면 진단 제도나 동료 피드백 제도가 있다면 그 결과 내용을 조금 다듬어서 적어도 좋다. 이 중에서 직무 관련하여 어필하면 좋을 것 같은 태도적인 강점을 적자.

02. 나를 매력적으로 상품화하기

지금까지 인사평가 결과, 커리어, 강점, 성과를 정리하면서 나를 되돌아보았다. 이제부터는 이를 바탕으로 이력서와 경력기술서를 작성하는 방법을 살펴보려고 한다. 이력서와 경력기술서를 작성한다는 것은 나를 매력적으로 상품화하는 것이다. 아무리 뛰어난 경력과 경험을 가졌더라도 그것을 제대로 표현하지 못하면 상대방으로서는 별로 끌리지 않기 때문이다. 반대로 포장을 잘한다면 훨씬 더 있어 보일 수 있다. 실제로는 그다지 뛰어나지 않더라도 말이다.

하지만 잘 포장해서 서류전형에 합격하더라도 내실이 없다면 금세 티가 나기 마련이다. 면접에서 조금만 자세히 물어보면 깊이가 드러나기 때문이다. 만약 말을 잘해서 운 좋게 입사하더라도 결국 실력이 없으면 좋은 평가를 받을 수 없다. 다시 말해, 나를 상품화하기 위해서는 포장도 중요하지만, 상품력 즉 본질이 더욱 중요하다. 따라서 우리가 지향해야 할 방향은 평소에 내공을 쌓고 나만의 진짜 성과를 창출하는 것이다. 그리고 입사지원서에서 그 모든 것들이 드러나도록 잘 표현해야 한다.

입사지원서는 크게 이력서, 경력기술서, 자기소개서가 있다. 경력직 채용에서는 이력서와 경력기술서만 요구하는 경우가 일반적이다. 자기소개서는 요구하지 않는 경우가 더 많으며, 필수로 내야 하는 것이 아니라면 제출하더라도 그다지 중요하게 보지 않는다. 경력직은 즉시 투입돼서 성과를 내야 한다. 그래서 검증이 어려운 자기소개서보다는 사실 기반의 이력서와 경력기술서를 원하는 것이다. 이력서와 경력기술서는 보통 하나의 통합된 파일로 만들어서 제출하는데, 특히 처음에 작성할 때 공을 들여야 한다. 이후에는 조금씩 꾸준히 업데이트하면서 지원하는 회사와 포지션에 맞춰 바꾸어 쓰면 된다.

03. 평가자 눈에 띄는 이력서 작성법

이력서는 이력을 한 장으로 간단하게 보여주는 지원서다. 우리가 살아온 세월을 단 한 장의 종이에 모두 녹여낸다는 것은 어려운 일이다. 하지만 회사가 수많은 지원자를 평가하기 위해서는 딱히 다른 방법이 없으므로 이력서가 계속 쓰이는 것이다. 이력서 항목은 회사마다 다르지만 대부분 ① 인적사항 ② 학력 사항 ③ 경력 사항 ④ 기타사항 ^{자격증, 수상, 어학 등}으로 구성되어 있다. 지금부터는 평가자가 이력서에서 주로 보는 포인트가 무엇인지 항목별로 살펴보고, 이력서를 어떻게 써야 눈에 띌 수 있을지 전략적으로 구상해보자.

1. 인적사항

인적사항은 주로 성명, 생년월일, 주소, 연락처, 이메일, 사진으로 이루어져 있다. 생년월일로 나이를 파악하는 이유는 지원자를 이해하기 위함이다. 나이를 보면 그가 살아온 삶 전체를 가늠해볼 수 있다. 학교생활과 직장생활을 언제부터 언제까지 했고 얼마 동안 했는지 알 수 있다. 또 지원자의 총 경력이 연령 대비 평균적인 수준인지, 조금 빠른 편인지 느린 편인지 본다. 현재 직위와 연차가 어느 정도이며, 해당 직무경력은 얼마나 되는지도 본다.

나이를 파악하는 또 한 가지 이유는 조직 내 균형을 보기 위함이다. 지원자가 입사하면 전체적인 팀 구성과 잘 어울릴 것인지, 직위/연차/연령별 비중은 적절한지, 시너지가 날 것인지 아닌지를 본다. 특히 비숫한 연차의 팀원이 있는 경우 갈등이나 불만, 이탈이 생기지는 않을지 중점적으로 본다. 주소는 입사 후 출퇴근이 쉬운지 판단하는 데 쓰인다. 연락처와 이메일은 전형별 결과를 통보하고 면접/입사일정을 조율할 때, 그리고 연봉협상을 진행할 때 필요하므로 꼭 쓰자. 추가로 증명사진은 지원자가 주는 인상과 느낌을 파악하고, 면접 시 본인이 맞는지 확인하기 위해서 요구한다.

2. 학력 사항

학력 사항은 지원자의 학력과 학교, 전공을 보기 위해 필요하며, 최근 학력부터 순서대로 쓰는 것이 좋다. 학력은 주로 최종학력이 무엇인지, 언제 입학했는지, 졸업/수료/편입/중퇴인지를 본다. 학위 인정 여부는 회사마다 차이가 있으며, 인정 여부에 따라 연봉협상 시에도 영향을 미칠 수 있다. 학교는 주로 학벌과 본교 여부를 판단한다. 학벌에 대한 중요도는 경영진의 인사 철학에 따라 다르지만, 블라인드 채용이 아닌 이상 대부분 학교등급이 높을수록 좋은 평가받는 것이 현실이다. 학벌은 대학원을 가지 않는 이상 바꾸기 어렵다. 따라서 냉정하게 판단했을 때 학벌이 좋지 않다면 실력으로 커버하기 위해 더 노력하는 수밖에 없다.

3. 경력 사항

경력 사항은 총 경력과 회사별 경력으로 구성되어 있으며, 마찬가지로 최근 경력부터 순서대로 쓰는 것이 좋다. 총 경력은 년/개월 수로 표기하며, 전체기간이 얼마나 되는지가 연봉협상 시 직위/연차와 연봉에까

<이력서 양식 예시>

인적사항		
성명		
생년월일		
주소		
연락처		
이메일		

학력

대학교	
고등학교	

자격 요약

강점	
컴퓨터 스킬	
외국어	

병역

병역		군별		역종	
계급		복무기간		보훈대상	

경력 (총   년   개월)

회사명 1 년/월/일 ~ 년/월/일 (년 개월)	년/월/일(년 개월) / 부서명1(직위or직책) - 담당업무
	년/월/일(년 개월) / 부서명2(직위or직책) - 담당업무
회사명 2 년/월/일 ~ 년/월/일 (년 개월)	년/월/일(년 개월) / 부서명3(직위or직책) - 담당업무
	년/월/일(년 개월) / 부서명4(직위or직책) - 담당업무

지 영향을 미친다. 따라서 총 경력은 사실 기반으로 정확하게 산정해야 하는데 이 방법은 7장 <04. 현재 처우 정확하게 파악하기>에서 자세히 다루겠다. 회사별 경력은 회사마다 근무한 기간을 적고, 한 회사 내에서

의 세부적인 경력은 근무기간/부서/직위/직무/담당업무로 적는다.

그런데 회사에 따라 법인명[1]과 상호명[2]이 다른 경우가 있는데 이때는 상호명을 쓰는 것이 좋다. 일반적으로 알려진 명칭을 사용해야 합격할 확률이 높아지기 때문이다. 부서명과 직위명은 있는 그대로 쓰는 것이 좋지만 처음 보는 사람에게 낯선 명칭이라면 간단한 부연설명을 써주면 좋다. 예를 들어, 부서명이 피플팀이라면 조직 구성에 따라 '피플팀(인사팀)' 또는 '피플팀(인사 총무팀)'으로 써주는 것도 좋다. 또한, 현 직장이 직위를 통합하여 전 직원을 매니저라고 부른다면 내부 직위를 파악하여 '매니저(대리)'로 쓰는 것이다. 직무명과 담당업무명도 마찬가지다. 사내에서만 사용되는 용어라면 평가자가 알지 못하므로 일반적인 용어로 쓰자. 평가자의 이해도를 높일수록 합격 확률이 높아진다는 점을 항상 기억하자.

4. 기타사항

기타사항은 자격증, 수상, 외국어, 교육, 병역사항 등이 있다. 이러한 사항들은 당락에 크게 영향을 주지 않고 참고만 하는 경우가 많다. 하지만 특정 자격증이 필수인 직무나 공고에 기재된 경우라면 얘기가 다르다. 해당 자격증이 있어야만 자격요건에 부합하기 때문이다. 외국어도 마찬가지다. 거의 모든 업무에 외국어가 필요한 직무라면 실력을 증

---

1. 법인명 : 사업자등록증에 기재된 기업의 명칭
2. 상호명 : 기업 활동상 사용하는 기업의 명칭

명할 수 있는 공식적인 어학성적이 필수이며, 보통 외국어 면접도 따로 있다. 이외에도 해당 채용공고에서 필수요건으로 되어있거나 크게 가산점을 받을 수 있는 부분이라면 무조건 기재하자.

우리의 최종목표는 합격해서 입사하는 것이다. 그러기 위해서는 먼저 서류전형부터 합격해야 한다. 그런데 문제는 대부분 이력서에서 당락이 결정된다는 것이다. 경력기술서로 넘어가기도 전에 말이다. 다행히 우리의 이력서를 매력적으로 만들어줄 필살기가 남아있다. 그것은 바로 '나만의 강점'을 쓰는 것이다. 한 번 입장을 바꿔서 생각해보자. 이력서를 일차적으로 평가하는 채용담당자는 하루에 수십개의 이력서를 보기 때문에 경력 위주로 빠르게 스캔한다. 따라서 지원자는 나만의 강점을 보기 좋게 요약해서 평가자의 눈에 띄게 만드는 것이다. 헤드헌터들이 쓰는 이력서 양식을 봐도 지원자의 강점이 일목요연하게 정리되어 있다. 물론 기업에 정해진 이력서 양식이 있다면 강점은 쓸 수 없다. 하지만 자체 이력서 양식으로 작성하는 경우라면 나만의 강점을 무조건 활용하자.

<나만의 강점 예시>

강점	1. 연간 200명 이상 다양한 포지션의 인재 영입 2. 채용 프로세스 기획, 운영 고도화 3. 채용 파트장 역할 수행을 통한 리더십 역량 보유 4. 다양한 HR경험/역량 보유(채용/인력운영/평가/보상/교육/조직문화) 5. Tech인력 채용 전담 및 온라인조직 HRBP 역할 수행 6. 유관부서 협업 및 커뮤니케이션 역량 우수 7. 능동적 문제해결, 적극적 실행과 학습, 성실함과 강한 책임감, 정직한 성격

그런데 우리는 이미 앞서서 강점을 정리해보았다. 여기서 그것을 그대로 쓰면 되는데 이때 한 가지 고려할 부분이 있다. 바로 지원하는 포지션의 JD Job Description 에서 요구하는 우선순위에 맞춰 강점의 순서를 적절하게 바꾸는 것이다. JD에 부합하는 강점을 맨 앞에 배치하자. 예를 들어, 채용하는 포지션이 직책자라면 당연히 조직과 사람을 관리해본 리더십 경험이 중요할 것이다. 그렇다면 현재 맡은 직책과 역할을 첫 번째 강점으로 적을 수 있다. 하지만 만약 JD에 부합하는 강점이 없다면 최대한 부합되도록 내용을 강조하거나 수정하는 것이 좋다. 가령 직책자 포지션에 지원하지만, 팀장이 아닌 파트장 경험만 있다면 이것이라도 기재하는 것이다. 이처럼 지원하는 포지션의 JD에 맞춰서 나만의 강점을 잘 어필한다면 서류전형에서 분명히 좋은 평가를 받을 수 있을 것이다.

04. 합격을 부르는 경력기술서 작성법

경력기술서는 직무 경험을 상세하게 서술하는 글로 과거의 경력이나 성과, 프로젝트 경험을 통해 내가 이 포지션에 가장 적합한 사람이라는 것을 어필하고 증명하는 것이다. 이는 마치 제품 상세페이지와 같다. 온라인 쇼핑할 때 제품 상세페이지를 자세히 읽어보고 나서 구매를 결정하는 것처럼 평가자도 우리의 경력기술서를 보고 면접 진행 여부를 결정한다. 처음에는 눈에 띄는 문구나 이미지(이력서)를 보고 클릭하지만 결국 상세페이지(경력기술서)를 읽고서 구매 니즈(포지션)에 부합하는 제품(지원자)인지 판단한 후 구매(합격)을 결정하는 것이다. 경력기술서는 크게 ① 회사 소개, ② 업무 소개, ③ 성과 소개로 구성되며, 이직횟수가 여러 번이라면 시계열적으로 보일 수 있도록 현 직장의 경력부터 나열하면 된다.

먼저 회사 소개는 근무 기간, 회사명, 주요사업 분야, 매출액, 인원수를 기재하면 된다. 회사 소개를 하는 이유는 평가자에게 내가 근무한 회사의 성격과 수준을 알리기 위해서다. 내가 근무한 업종이 지원한 회사와 같거나 유사하다면 이해하겠지만 전혀 이질적이라면 잘 적응할 수 있을지 의문을 품을 것이다. 물론 JD 상에 특정 업종을 선호한다고 기재한 경우라면 예외다. 또 한가지 이유는 내가 어느 정도 규모의 회사에서 근무했는지 어필하기 위해서다. 지원한 회사 대비 어느 정도인지 알려줘야 평가자도 지원자의 경험 수준을 파악할 수 있다.

다음으로 업무 소개는 근무기간/부서/직무/직위(직책) 중에서 구분 기준을 정해야 한다. 예를 들어, 한 회사 내에서 경험한 부서가 여러 개라면 부서를 기준으로 구분하여 시계열적으로 나열하면 된다. 다음으로 앞서 정리해보았던 주요업무와 상세업무를 작성한다. 주요업무는 담당업무 내에서 주된 업무로 진행하는 업무 위주로 굵직굵직하게 쓰면 된다. 상세업무는 주요업무 하나하나를 구체적으로 풀어서 쓰는 것이다. 상세업무를 쓰는 방법은 주요업무의 세부항목에 번호를 부여하여 쭉 적은 후 실제로 담당했던 업무 내용을 적으면 된다.

성과소개는 앞서 기술한 업무들을 통해 어떤 결과를 만들어냈는지 어필하면 된다. 성과는 프로젝트 중심으로 설명하되 가장 돋보이는 주요 프로젝트를 선별하여 기재하자. 내용은 프로젝트명/기간/주요역할/담당업무/정량적 성과/정성적 성과를 적는다. 면접에서 성과 관련해서 집중적으로 질문하기 때문에 제대로 답변할 자신이 있는 부분만 적는 것이 좋다. 특히 실제 수행했던 역할에 대해 정확하게 기술해야 한다. 약간의 거짓이나 과장이 섞여 있다면 꼬리 질문에 금세 들통이 나기 때문이다.

경력기술서는 하루아침에 완성하려고 하기보다는 평소에 꾸준히 업데이트하는 것이 좋다. 한꺼번에 쓰려고 하면 잘 기억이 나지 않고 놓치는 부분이 생기기 때문이다. 업데이트는 보통 년/분기/월 기준으로 해주는 것이 적당하다. 또는 특정 이벤트가 발생할 때마다 하는 것도 좋다. 예를 들어, 프로젝트가 종료되는 시점, 회사/부서/직무/담당업무 중 하나가 변경되는 시점에 하는 것이다. 처음에는 내용이 다소 빈약하거나 부족해 보이겠지만 점점 갖추어 나가다 보면 훌륭한 경력기술서가 완성되어 있을 것이다. 그러니 미리부터 걱정하지 말자. 나의 경력을 한 번 정리해본다고 생각하고 오늘부터 일단 시작해보자.

<경력기술서 작성 예시>

경력기술서

2012년 1월 2일 ~ 현재 (10년 5개월) / A사 ——————— 회사 소개
- 주요사업분야 : 제조업
- 매출액 : 약 1.5조원 ('21년 기준)
- 인원수 : 약 1,000명 ('21년 기준)

<경력기술서 작성 예시>

[주요업무] ──────────────────────────── 주요업무 작성 예

채용/인력운영 파트장 역할 수행, 채용 프로세스 기획 및 운영 고도화,
임원/조직장/Tech/경력/신입/계약 채용, 온라인조직 전담 HRBP역할 수행, 온보딩 프로그램,
전사 인력운영계획 수립, 조직개편 및 인력이동, 승진, 핵심인재·Successor관리, 자회사 지원

[상세업무] ──────────────────────────── 상세업무 작성 예
1. 채용/인력운영 파트장 역할 수행
   1) 채용전략 및 원칙 수립
      - 전사 사업전략 및 인력계획과 연계된 채용전략 및 원칙 수립
      - 조직/직무별 채용소요 파악
   2) 전사 인력운영 계획 수립
      - 전사 및 조직별 T/O 관리
      - 인원 및 인건비 관리
   3) 파트 내 R&R 조율 및 업무 분배
      - 각 부문별/업무별 담당자 지정
      - 전체 채용현황 파악 및 진행상황 관리
   4) 임원/조직장 커뮤니케이션 전담
      - 채용/인력운영 관련 이슈/니즈 파악 및 조치
      - 채용 전결권한 현업 가이드 및 규정준수 여부 모니터링
   5) 핵심인재 채용
      - 조직/직무별 핵심인재 리텐션을 위한 평가/보상 관리
      - 핵심인재 이탈 시 신속/정확한 충원

2. 채용 프로세스 기획 및 운영
   1) 채용 프로세스 전반 기획
      - 채용브랜딩 강화 : 채용 홈페이지 구축, 조직문화/직무 영상 제작 및 업로드, 온오프라인
         채용설명회, 신규입사자 웰컴키트/오리엔테이션/가이드북
      - 채용채널 다양화 : 신규채널 발굴 및 타겟 리쿠르팅, 서치펌 운영원칙 수립/평가,
         임직원추천, 사내공모
      - 처우산정 원칙 수립 : 직군/직급별 연봉산정 기준, 리텐션보너스 지급기준 등
   2) 채용 운영업무 고도화
      - 채용전반 : 채용 통합솔루션 도입, 포지션별/후보자별 진행현황 관리 시스템화
      - 서류전형 : 상시인재 POOL 확보, 입사지원서/인적정보 간소화, 채용 리드타임 축소
      - 면접전형 : 면접평가 및 코멘트 히스토리화, 자체 화상면접 툴 도입,
         면접평가서 항목 및 양식 개선
      - 평판조회 : 자체 레퍼런스체크(내부 임직원, 전직장 인사팀), 전문업체 레퍼런스체크,
         후보자 자진신고
      - 최종입사 : 신규입사자 안내문 개선, 입사구비서류 간소화

[주요 프로젝트] ──────────────────────────── 프로젝트 작성 예
- 프로젝트 명 : 채용 통합솔루션 도입
- 기간 : 2022.04.01~2022.07.31
- 주요역할 : 채용 프로세스 효율화 및 자동화
- 담당업무 : 채용 홈페이지 구축, 상시인재 POOL 확보, 입사지원서/인적정보 간소화,
   면접평가 및 코멘트 히스토리화, AI면접 도입, 자체 화상면접 프로세스 구축,
   개인정보보호 이슈 해결

*부록 3. 입사 지원 시 활용하는 이력서 및 경력기술서 표준양식을 참고할 것

05. 읽어보고 싶은 자기소개서 작성법

앞서 말한 것처럼 경력직 채용에서는 자기소개서 _{이하 자소서}를 제출하지 않는 경우가 훨씬 더 많다. 하지만 종종 제출을 요구하는 회사들도 있는데 이는 그만큼 자소서도 중요하게 본다는 뜻이다. 따라서 꼭 가고 싶은 회사라면 조금 번거롭더라도 제대로 준비해야 한다.

자소서는 회사마다 문항이 다르지만 잘 들여다보면 사실 핵심 의도는 비슷하다. 바로 지원동기, 이직 사유, 직무상 강·약점, 주요성과, 입사 후 목표다. 이 중에서 신입사원 자소서에는 없는 경력직 자소서 전용 문항이 하나 있는데 바로 이직 사유다. 왜 옮기려고 하는지 명확한 이유가 필요한 것이다. 보통 직장인이 이직하는 이유는 둘 중 하나다. 현 직장에 불만이 있거나, 지원한 회사와 포지션이 더 장점이 많기 때문이다. 자소서나 면접에서는 지원한 곳의 장점 위주로 언급하는 것이 더 바람직하지만 경우에 따라 현 직장에서 느꼈던 한계나 어려움을 드러내는 것도 괜찮다. 충분히 공감할 수 있는 진솔한 내용이라면 평가자들도 더 몰입하며 들을 것이다. 단 무조건적인 비난이나 험담이 아닌 사실만을 말해야 한다.

<A사 자소서 문항>

1. A사에 지원한 동기와 회사 선택(이직)시 가장 중요하게 고려하는 요인에 대하여 기술하시오. (1,000자) → 지원동기, 이직사유

---

2. 본인만의 차별화된 직무 강점과 이를 통해 당사에 기여할 수 있는
점에 대하여 기술하시오. (1,000자) → 직무상 강·약점, 입사 후 목표

<B사 자소서 문항>

1. 왜 자신이 B사 HR Position에 맞는지 어필해주세요. → 지원동기

2. 본인이 주도적으로 HR 업무를 수행하여 조직 내 변화를 이끌어 낸
경험을 구체적으로 알려주세요. → 주요성과

3. 코로나 시대에 맞춰 B사 HR이 나아가야 할 방향성을 제시하고,
본인이 어떤 역할을 수행할 수 있는지 자신의 장점과 연결하여
설명해주세요. → 직무상 강약점, 입사 후 목표

<C사 자소서 문항>

1. C사 Tech Recruiter에 지원하게 된 이유와 지원하면서 기대하는
부분은 무엇인가요? (현재 회사에서의 이직동기 포함)
→ 지원동기, 이직사유

2. Tech Recruiting과 관련하여 진행해 본 주요 업무를 모두 작성해 주세요.
작성 시에는 '본인이 주도적으로 참여한 부분' 위주로 기입하며,
<1. 진행 기간, 2. 주요 내용, 3. 본인이 공헌한 점, 4. 결과/성과>를
간결하게 핵심만 기재해 주세요. → 주요성과, 직무상 강약점

3. 최근 회사들의 기술 직군에 대한 채용 경쟁이 점점 치열해지고 있습니다.
역량 있는 연구/개발자 채용을 위해서 C사의 Tech Recruiter가
가장 중요하게 해야 할 일은 무엇일까요? → 입사 후 목표

이제 본격적으로 자소서를 잘 쓰는 방법에 대해서 살펴보자. 자소서를 잘 쓰려면 3가지 무기가 필요한데 첫 번째는 '스토리텔링'이다. 아래 그림은 <자소서 잘 쓰는 법>이라는 제목으로 돌아다니는 유머짤인데 자소서를 한 번이라도 써본 사람이라면 공감이 될 것이다. 같은 소재이지만 스토리텔링이 더해지니 매력적인 글로 탈바꿈한다. 물론 이때 거짓말이나 과장을 해서는 안 된다. 스토리를 풍성하게 가미하여 평가자의 눈에 들 수 있도록 쓰자는 것이다. 이는 꾸준히 연습하는 것 외에는 방법이 없다. 스토리텔링을 잘하는 사람의 책이나 영상을 보면서 다양하게 벤치마킹을 해보자. 또는 직접 작성한 글에 대해서 주변에 객관적인 피드백을 요청해보거나 전문가에게 코칭을 받아보는 것도 좋은 방법이다.

두 번째 무기는 '자소서 글의 구조'를 아는 것이다. 잘 쓴 자소서에는 분명 잘 읽히는 글의 구조가 있는데 그것은 바로 소제목, 리드문, 사례, 연결이다. 간단히 설명하면 다음과 같다.

소제목 : 한 문항의 헤드라인이다. 기사를 읽을 때 흥미로운 문구에 끌리는 것처럼 평가자도 자소서 소제목에 호기심을 느껴야 한다. 소제목은 핵심적인 내용을 임팩트 있게 담아야 하며, 명확한 의미 전달을 위해서 주어/동사/목적어로 이루어진 완전한 문장 형태가 좋다.

리드문 : 자소서의 첫 문장을 말하며, 전체 내용을 요약한 것이다. 흔히 말하는 두괄식이 적용된 문장이 리드문이라고 보면 된다. 정확한 수치 등을 넣어주면 더욱 신뢰감 있는 리드문을 만들 수 있다.

사례 : 자소서의 본문을 말하며, 실제 있었던 에피소드나 경험을 적는다. 리드문이 단순히 주장이라면 사례는 이를 뒷받침하는 근거라고 할 수 있다. 리드문을 증명하기 위해서 살을 붙이는 것으로 최대한 구체적으로 서술하며, 사실만 말해야 한다.

연결 : 마지막 문장을 말하며, 앞에서 서술한 사례의 내용을 지원한 포지션에 자연스럽게 연결하여 마무리 짓는 것이다. 예를 들어, 내가 입사하게 된다면 기존의 경험을 활용해서 적극적으로 기여하고 많은 성과를 내겠다고 한 번 더 어필하는 것이다.

<자소서 작성 예시>

1. [지원동기] 자신의 지원 분야에 전문성을 높이기 위한 노력-구체적 과정, 경험 등 포함-과 이를 잘 수행할 수 있다고 생각하는 이유를 담아 지원동기를 작성해 주십시오. 또한, 과거의 교육과정이나 경력 등이 지원 분야 업무와 어떤 관련성이 있는지와 그러한 전공지식·기술 및 경험들이 실제 업무수행에 어떤 방식으로 도움을 줄 수 있는지 구체적으로 기술해 주십시오. (약 3,000 byte)

●── 소제목

[끈질긴 집념과 노력으로 연 0,000만원의 원가를 절감한 신입사원]

△△회사에서 4개월 간 정비직 파견근무를 하면서 고질적인 문제를 해결하여 연 0,000만원의 원가를 절감한 경험이 있습니다.

●── 리드문

●── 사례

당시 입사 후 6개월이라는 짧은 경험을 가지고 공장 설비 1대를 정비 보수하는 업무를 맡게 되었습니다. 제품 고유의 무늬를 가공하는 설비로 20년간 공장의 제품 생산과정에 반드시 필요한 설비였습니다. 하지만 초기의 설계 오류와 노후화로 인해 문제가 종종 발생했습니다. 가장 큰 문제점은 작동속도의 편차로 인해 폐고철이 빈번하게 발생하는 것이었고, 이로 인해 연간 약 0,000만원의 손실이 생겼습니다.

저는 이 문제를 해결하는 것을 파견근무의 핵심과제로 선정했습니다. 하지만 설비에 대한 이론적 지식과 현장경험이 부족했기 때문에 혼자서는 어렵다고 판단했습니다. 이를 극복하기 위해 현장 관리자들에게 자문을 구하면서 설비 설계도와 작업공정에 대해 기초부터 공부했습니다. 이를 바탕으로 정비부서의 파트장님과 과장님에게 찾아가 담당 설비에 대해 궁금했던 점을 구체적으로 질문하고 메모했습니다. 이러한 끈질긴 집념과 노력 끝에 작동속도 편차가 발생하는 원인이 설비 유압 배관에 있다는 것을 발견할 수 있었습니다.

　나아가 기존 레이아웃을 최대한 수정하지 않고 문제를 해결하는 방안을 찾아내기 위해서 문서 작성과 설계도 수정을 하는 시간 외에는 계속해서 현장에 찾아가 해당 설비의 유압 배관을 유심히 관찰했으며, 가스 배관과 타 설비의 위치도 파악했습니다. 이후 여러 유관부서 담당자들과 협의를 통해 필요한 자재와 인력의 원활하게 지원받게 되었으며, 협력사 직원들과 제가 직접 유압 배관을 수정하고 각종 밸브를 신설했습니다. 결과적으로 작동속도 편차가 눈에 띄게 감소했고, 폐고철 발생량이 연간 32톤 감소하여 연 0,000만원의 원가를 절감하는 성과를 가져왔습니다. 나아가 남은 기간 동안에는 담당 설비의 보수뿐만 아닌 다른 설비의 냉각수 탱크를 신설하였고, 설비마다 청소용 공압 호스를 설치함으로써 제품의 생산성과 품질 향상을 위해 계속해서 노력했습니다. 파견근무를 마칠 때는 본사에서 이런 공로가 인정되어 임원 포상을 받을 수 있었습니다.

└──● 사례　　　　　　　　　　　　　　　　　　　┌──● 연결

　이러한 경험을 통해 현장경험도 중요하지만, 그에 앞서 설비에 대한 이론적인 이해와 기초지식, 그리고 꾸준히 공부하는 겸손한 자세가 중요하다는 깨닫게 되었습니다. 입사 후에도 이러한 열린 자세로 항상 배우고 꾸준히 공부하여 체득한 정비지식을 바탕으로 담당설비의 문제를 해결하고, 꼼꼼하고 체계적으로 유지하고 관리하겠습니다. 이를 통해 OOO기업이 세계 최고의 글로벌 회사로 나아가는 데에 기여하고 싶습니다.

세 번째 무기는 '자소서 작성 원칙'을 아는 것이다. 자소서의 문항은 글자수가 정해져 있기 때문에 공간이 제한적이다. 따라서 작성 원칙을 적용해서 표현방식에서 차별화해야 한다.

두괄식으로 쓰기 : 평가자는 바쁘므로 핵심부터 말해야 한다. 무엇을 말하고 싶은지 알 수 있도록 결론을 맨 앞에 말하자. '그래서 결론이 뭔데?'라는 생각이 드는 순간부터 그 글은 잘 눈에 들어오지 않는다. 따라서 깊이 생각하지 않아도 쉽게 이해될 수 있도록 결론부터 말하고 그에 대한 논리와 근거는 뒤에 나오도록 글을 쓰자.

문장 쪼개서 쓰기 : 할 말이 많거나 완벽주의 성향을 지닌 사람은 한 문장 안에 너무 많은 이야기를 담으려고 한다. 그러나 문장이 너무 길어서 '이게 도대체 무슨 말이지?'라고 생각하는 순간부터 그 글은 읽기 싫어진다. 따라서 모든 문장은 두 줄이 넘어가지 않도록 해야 한다. 주어와 동사가 여러 개 들어간 복문이 있다면 하나씩 들어간 단문으로 쪼개서 쓰자. 만약 문장 간 연결이 어색하다고 느껴진다면 접속사를 활용해서 자연스럽게 이어주면 된다.

기업의 최신뉴스 활용하기 : 지원한 회사가 최근에 어떤 이슈와 이벤트가 있는지 파악하는 것은 기본 중의 기본이다. 예를 들어, 신규사업을 시작했거나 대대적인 조직개편이 있었거나 사옥을 이전했다면 이러한 부분을 자소서 본문에 언급하자. 회사가 나아가는 방향을 제대로 알고 있다는 것을 어필하기 위해서다. 특히 CEO의 신년사를 보면 회사의 큰 방향과 실행전략을 알 수 있다. 그것이 나의 경험 그리고 지원한 포지션과는 어떤 식으로 연계될지를 생각해보고 자연스럽게 연결하면 된다.

주요 키워드 쓰기 : 지원한 회사의 최신뉴스나 정보들을 찾아봤다면 중요하게 언급되거나 자주 쓰이는 키워드가 보일 것이다. 예를 들어, 회사에서 '디지털 트랜스포메이션 DT '이 올해의 키워드라면 자소서에 여러 번 언급하자. 평가자에게는 그것이 올해 달성해야 하는 업무목표이자 과제일 것이기 때문이다. 만약 키워드와 관련된 성과나 경험이 있다면 무조건 어필하자. 그 부분에 기여할 수 있는 지원자라고 한다면 매력적으로 느껴질 수밖에 없다. 따라서 주요 키워드와 관련된 내 생각과 아이디어를 자소서에서 충분히 보여준다면 관심을 두고 면접을 보자고 할 것이다.

사내용어 쓰기 : 같은 언어권에 있는 사람들끼리 동질감을 느끼듯이 내부 직원들만 아는 용어를 사용하면 눈에 띌 수 있다. 지원자가 그만큼 우리 회사에 관심이 많다는 방증이고, 사내용어를 어떻게 알고 있는지도 궁금하기 때문이다. 알아내는 방법은 생각보다 간단하다. 그 회사에 다니는 사람에게 물어보면 된다. 지인이 없다면 블라인드나 링크드인 같은 플랫폼을 통해 재직자에게 연락해서 물어보는 방법도 있다.

03   평가자 눈에 띄는 이력서 작성법

04   합격을 부르는 경력기술서 작성법

05   읽어보고 싶은 자기소개서 작성법

야, 너도 다른 회사에 갈 수 있어

4장.

서류는 어디에 지원해야 할까

01   지원 원칙과 전략 정하기

02   나를 최대한 널리 알리기

03   지원 가능한 공고 찾아보기

04   일단 무조건 지원해보기

●●● 입력 중

01. 지원 원칙과 전략 정하기

　지원서 작성이 끝났다면 이제 서류전형에 지원할 차례다. 바로 지원할 수도 있겠지만 우선 그 전에 나만의 지원 원칙과 전략을 정해보자. 우리의 시간과 에너지는 한정적이기 때문이다. 원칙과 전략을 정하고 이직을 시도하는 것과 무턱대고 하는 것은 전혀 다른 결과를 가져온다. 운이 좋아서 생각보다 잘 풀릴 수도 있겠지만 소중한 인생을 운에 맡길 수는 없다. 회사를 옮기고 나서 '그때 그렇게 해볼 걸 그랬어.'라며 아쉬워하기보다는 내가 생각한 대로 시도해보는 것이 후회가 덜 남는다. 그러면 결과가 생각과 조금 다르더라도 이후에 이직을 다시 시도할 때 수정하고 보완하면 되기 때문이다.

　먼저 지원 원칙은 2장에서 정한 이직 원칙과 연결된다. 우리는 육하원칙 중심의 질문들을 통해 이직에 대한 큰 방향과 원칙을 정했다. 이제 그 답변들을 한층 더 심화시켜 보자. 이직 원칙은 다소 거시적이고 추상적이지만, 지원 원칙은 미시적이고, 직관적이어야 한다. 예를 들어, 이직 원칙이 현재 직장보다 규모가 큰 곳으로 옮기는 것이라면, 지원 원칙은 매출액 1조 원 이상, 임직원 1,000명 이상인 기업에만 지원하겠다고 정하는 것이다. 이렇게 지원 원칙은 구체적이고 명확할수록 좋다. 그렇지 않으면 공고가 뜰 때마다, 더 좋은 포지션을 접할 때마다 기준이 흔들리기 때문이다. 그러다 보면 결국 원래 생각한 곳과 다른 곳으로 가거나 다 불합격할 수도 있다.

지원 원칙을 정했다면 그에 맞는 지원 전략을 정해보자. 지원 전략은 크게 보면 ① 그물형, ② 낚시형, ③ 작살형이 있다. 그물형은 공고가 뜨는 대로 가리지 않고 지원하는 전략이다. 장점은 여러 경험을 쌓고 다양한 정보를 얻을 수 있다는 것이다. 각 회사에 지원해서 알아보면서 강점과 약점이 보이고 객관적인 비교가 된다. 그러다 보면 회사를 선택하는 나만의 안목과 기준이 생긴다. 예를 들어, 매출액/인원수/사업방식/조직구조/복리후생/조직문화 등이다. 또 채용 프로세스가 진행되는 중에 다양한 상황과 시행착오를 겪으면서 나름의 노하우와 레퍼토리가 생긴다. 반대로 그물형의 단점은 시간과 에너지가 많이 소모되고 집중도가 떨어진다는 것이다. 퇴근 후에 녹초가 된 상태로 여러 회사에 지원한다는 것은 말처럼 쉬운 일이 아니다. 따라서 체력과 상황, 여건이 가능한 사람만 시도해볼 것을 추천한다.

다음으로 낚시형은 그물형과 다르게 나름의 기준을 가지고 선택해서 지원하는 전략이다. 예를 들어, 업종을 IT로 바꾸고 싶은 사람이라면 IT기업의 채용공고에만 지원해볼 것이다. 또는 스타트업을 꼭 경험해보고 싶은 사람이라면 아무리 좋은 대기업이나 글로벌 기업의 채용공고가 올라오더라도 지원하지 않을 것이다. 낚시형은 사실 가장 보편적이고 현실적인 방법이다. 장점은 기준대로 선별해서 지원하기 때문에 다른 요인에 휩쓸리지 않을 수 있다는 것이다. 또한, 불합격해도 대안이 있으며, 그물형에 비해 시간과 에너지도 아낄 수 있다. 단점은 기준이 잘못 설정되었을 경우 다소 편협한 시각에서 판단할 수 있다는 것이다. 따라서 기준 설정 시에는 실제 잘 알고 있는 사람에게 사실 확인을 해보거나 책과 여러

매체를 통해 객관적인 정보를 수집하는 것이 좋다.

마지막으로 작살형은 한 회사에만 올인해서 지원하는 전략이다. 가고 싶은 기업이 명확히 정해져 있을 때 적합한 방식이다. 장점은 합격 확률이 높다는 것이다. 기업과 포지션에 딱 맞춰서 효과적으로 준비할 수 있기 때문이다. 시선이 분산되지 않으니 정보를 깊게 알아볼 수 있고 지인이 재직 중이라면 궁금한 점을 정확하게 알 수 있다. 단점은 떨어질 경우 대안이 없다는 것이다. 그렇기에 불합격했을 때의 정신적 충격이 상대적으로 크다. 따라서 이에 대해 대비할 수 있는 플랜B를 반드시 마련하기를 권한다.

구분	설명	장점	단점
그물형	• 공고를 가리지 않고 지원 • 체력/상황/여건 가능한 경우 시도하는 것을 추천	• 다양한 경험과 정보를 얻고 이직 노하우, 레퍼토리 축적 • 각 회사에 대해 알아보면서 객관적인 분석과 비교 가능	• 시간과 에너지가 소모되고 집중도가 떨어짐 • 다른 전략 대비 상대적으로 합격 확률이 낮음
낚시형	• 나름의 기준대로 선택 지원 • 가장 보편적이고 현실적 • 객관적인 정보수집을 통한 기준 설정 필요	• 기준대로 지원하기 때문에 외부요인에 휩쓸리지 않음 • 불합격해도 대안이 있으며, 시간과 에너지를 절약 가능	• 기준을 잘못 설정했을 경우 편협한 시각에서 판단할 수 있음
작살형	• 한 회사에만 올인해서 지원 • 희망기업이 명확할 때 적합 • 플랜B 마련하는 것을 권장	• 포지션에 맞춰 효과적으로 준비하므로 합격 확률 높음 • 정보를 깊게 알아보고 재직자에게 궁금한 점을 정확히 확인할 수 있음	• 떨어질 경우 대안 없음 • 불합격 시 정신적 충격이 큼

02. 나를 최대한 널리 알리기

이제 입사 지원을 위한 준비는 끝났다. 지금부터는 세상에 나라는 존재를 알려보자. 좀 더 정확히 말하면, 기업과 채용담당자, 헤드헌터, 지인들에게 이직 의사를 드러내는 것이다. 가장 쉬운 방법은 기업의 채용 홈페이지를 통해 직접 지원하는 것이다. 하지만 애석하게도 우리가 원하는 채용공고가 언제 올라올지는 알 수 없다. 기업은 사람을 뽑고자 하지만 정작 구직자는 정보가 부족한 것이다. 그래서 이러한 불편함을 해소하고 양측을 연결해주고자 채용시장이 급격히 발전했다. 다양하고 채용플랫폼들이 생겨났고, 헤드헌터와 서치펌[1]도 급격하게 많아졌다. 따라서 이러한 경로를 활용한다면 나라는 상품을 채용시장에 최대한 널리 알릴 수 있다. 지금부터는 나를 알릴 방법들에 대해서 상세히 파헤쳐보자.

가장 먼저 나를 알릴 곳은 바로 채용플랫폼이다. 채용플랫폼은 사람인, 잡코리아 같이 우리가 잘 알고 있는 전통적인 구인구직 플랫폼부터 링크드인, 원티드, 리멤버커리어 같은 신흥 플랫폼까지 다양하다. 각자 강점이 다르므로 상황이나 입맛에 따라 골라서 쓰거나 모두 사용해도 좋다.

---

1 서치펌(Search Firm) : 헤드헌터가 소속된 회사로 기업 채용담당자는 주로 회사 대 회사로 계약을 맺어서 인재 서칭에 대한 의뢰를 한다. 채용 성사 시 서치펌이 받는 추천 수수료는 후보자 계약연봉의 15%~25% 정도다. 헤드헌터 중에는 서치펌에 소속되지 않고 개인사업자로 활동하는 경우도 많다.

\<가장 많이 사용되는 채용플랫폼\>

채용플랫폼	설명	강점
잡코리아	대표 취업플랫폼으로 실시간 채용정보, 맞춤채용추천, 연봉, 기업정보 등 다양한 취업 정보 제공	한 번만 직무 맞춤설정을 하면 내 직무를 채용 중인 기업리스트 Top 100을 손쉽게 볼 수 있음
사람인	AI 채용추천, 기업정보, 연봉정보, 면접 후기 등 취업, 채용에 필요한 서비스 제공	이력서를 올려놓으면 여러 회사 채용담당자나 헤드헌터에게 적합한 포지션을 제안받을 수 있음
리멤버커리어	명함관리 앱 리멤버에서 런칭한 커리어 서비스	명함 정보를 기반으로 프로필 등록 가능. 리크루터가 타겟을 쉽게 검색하고 제안할 수 있어서 요즘 가장 활발히 사용됨
링크드인	약 3억 명의 회원 수를 자랑하는 글로벌 전문 인맥 SNS 플랫폼	이력서를 게시하고, 커리어 발전에 도움될 수 있는 다양한 사람, 기업과 네트워킹 가능
원티드	스타트업 채용 및 이직 전문 사이트	스타트업과 국내 IT기업, 글로벌 기업 등 요즘 인기있는 회사들이 채용공고를 올리는 곳으로 유명

\<특정 포지션에 강점이 있는 채용플랫폼\>

채용플랫폼	설명	강점
로켓펀치	연간 160만명 이상 사용 중인 국내 최대 비즈니스 네트워크로 비즈니스 정보와 스타트업 채용 서비스 제공	희망직무, 산업, 급여/스톡옵션, 지역을 상세히 검색 가능. 투자사/투자자 프로필 정보도 제공
피플앤잡	외국기업 이직·취업전문 사이트	외국계 공고가 1순위로 올라옴. 여러 사이트에 동시에 올라오는 경우도 있지만 단독으로 노출되는 경우가 있음
슈퍼루키	20대에게 가장 필요한 커리어 정보 제공. 인턴/신입/주니어경력 채용공고 등	스타트업 주니어 레벨 포지션 채용공고가 많이 올라오며, 외국계 기업의 인턴/채용공고도 많은 편
프로그래머스	개발자 채용을 위한 코딩 테스트 및 채용 중개 플랫폼	소프트웨어 교육, 개발역량 평가, 개발자 채용 등 개발자 영입을 위한 맞춤 솔루션을 제공

나의 존재를 널리 알릴수록 좋은 포지션을 제안받을 확률이 높아진다. 따라서 가능한 많은 채용플랫폼에 이력서를 올리자. 기업과 헤드헌터마다 이용하는 채용플랫폼이 달라서 어느 기업의 공고가 어디에 올라올지 모르기 때문이다. 위에서 소개한 곳 외에도 다양한 채용플랫폼이 있으니 각자의 상황과 직무에 따라 몇 군데를 고르고 여러 곳에서 나를 알리자.

　　다음으로 시도할 것은 지인에게 이직의사를 알리는 것이다. 여기서 지인은 단순히 아는 사람이 아니라 나를 잘 알고 신뢰할 수 있는 사람을 말한다. 지인에게 이직의사를 알리는 이유는 두 가지다. 첫째는 지인이 다니는 회사에 나를 추천하도록 요청하기 위해서다. 많은 회사가 직원 추천 채용 제도를 운영하고 있는데 추천한 지인이 입사하게 될 경우 그 직원에게 포상금을 준다. 금액은 회사나 포지션에 따라 다르지만 적게는 50만원에서 많게는 300만원까지 지급된다. 따라서 지인과 내가 win-win할 수 있는 좋은 방법이다. 둘째는 지인의 회사 외에도 좋은 채용공고나 소식이 있으면 알려 달라고 하기 위해서다. 개인이 현실적으로 모든 공고를 다 알 수는 없기 때문에 다른 사람의 도움을 요청하는 것이다. 이왕이면 같은 직무에 있는 사람이 좋다. 업무 내용을 잘 알기 때문에 혹시 적합한 공고가 있을 경우 추천해주기 유리하기 때문이다. 직장 동료는 회사에 소문이 날 수도 있기 때문에 가급적 피하자.

　　마지막으로 시도할 것은 기업의 채용 홈페이지에서 상시채용 인재 POOL에 지원서를 등록하는 것이다. 기업들이 인재 전쟁에서 이기기 위해서는 인재를 상시로 확보해 놓아야 한다. 특히 IT개발 인력처럼 수요 대비 공급이 턱없이 부족한 포지션은 더욱 그렇다. 그래서 채용 홈페이지에 인재 POOL 메뉴를 별도로 둔 기업들이 많다. 여기에 지원서를 등록해 놓으면 추후 해당 포지션에 충원이나 증원이 필요한 경우 채용담당자가 연락을 주기도 한다.

03. 지원 가능한 공고 찾아보기

나를 알리는 것은 이 정도면 충분하다. 지금부터는 지원할 수 있는 채용공고를 모아보자. 공고를 모으는 방법은 두 가지다. 제안을 받는 것과 직접 찾는 것이다. 제안을 받는 경로는 크게 세 가지인데 바로 헤드헌터, 채용담당자, 지인이다. 하나씩 자세히 살펴보도록 하자.

먼저 헤드헌터에게 포지션을 제안받는 것이다. 채용담당자가 특정 포지션에 대해 서칭 요청을 하면 헤드헌터는 적합한 후보자를 찾기 위해 주로 사용하는 채용플랫폼에서 이력서를 검색한다. 그리고 내 이력서가 JD에 부합한다고 판단하면 플랫폼을 통해서 제안 메시지를 보낸다. 이때 회사명과 포지션에 대한 JD를 처음부터 상세하게 공개하는 경우도 있고, 업종과 회사규모, 포지션명 등 대략적인 정보만 먼저 오픈한 뒤 제안을 수락하면 공개하기도 한다. 그러면 내 연락처가 공개되기 때문에 보통 이메일로 제안내용을 상세하게 보내준다. 메일 내용은 아래와 같다.

<헤드헌터 제안메일 내용>

- 헤드헌터 본인소개 : 이력, 전문분야

- 제안 포지션 : 기업명, 포지션명 _{직무, 직책}

- 기업소개 : 업종, 사업, 매출, 이익, 임직원수, 근무지,

　　　　　　처우 및 복리후생, 비전, 관련 자료

- 포지션 JD : 담당업무, 필요역량, 우대사항

- 진행 절차 : 채용 프로세스, 마감일, 제출서류

<헤드헌터 제안메일 예시>

안녕하세요? 조금 전 리멤버커리어를 통해 제안 드렸던 서치펌 OOOO컨설팅 헤드헌터 OOO 상무입니다. 저는 국내외 유통 기업의 MD, 디자인, 전략, 커머스 등의 다양한 포지션을 진행하고 있는 전문 컨설턴트입니다. 제안 드리는 채용사는 국내 최대 규모 OO커머스 기업인 A사이며 HR실 내 채용팀장 포지션을 찾고 있어 연락 드립니다. 간략한 포지션 JD를 아래와 같이 전달 드리니, 검토 부탁드리며 지원의사 여부를 00일까지 회신 부탁드리겠습니다.

A사는 기업가치 0조 0000억원 이상으로 평가받는 기업으로 최근 B사 인수, 오프라인 진출 등의 사업확장과 상반기 실적 전년 동기 대비 00% 이상 증가하는 등 앞으로의 성장 또한 기대되는 기업입니다. 회사 사업이 급격하게 성장하고 조직도 커지다 보니 보다 전문적인 인사조직 세팅하게 되어 채용팀 팀원 및 팀장급 포지션을 찾고 있습니다. 지원해주신다면 좋은 결과 만들 수 있도록 최선을 다하겠습니다.

[회사소개]

A사는 20##년 시작해 20##년 OOO, 20##년 OOO를 오픈하며 빠르게 성장하고 있는 국내 대표 온라인 OO플랫폼입니다. 'OOOO'이라는 경영철학을 바탕으로 안정적으로 사업을 전개할 수 있도록 OOO가 보유한 노하우와 인프라를 지원합니다. 고객에게는 풍성한 OO콘텐츠와 OO에 특화된 차별화된 서비스로 최상의 온라인 쇼핑 경험을 제공하고 있습니다. A사는 건강한 OO 생태계를 만들기 위해 계속 도전하고 진화하고 있습니다.

[직무 소개]

Talent Acquisition Manager는 비즈니스의 전략적 Talent Partner이자 Solution provider로서, A사 비즈니스의 성장 및 목표 달성에 있어 가장 중요한 HR 솔루션 중의 하나인 채용에 대한 전략을 구축하여 최고의 인재를 확보하는 업무를 합니다.

[업무 내용]

- 조직에 필요한 인재를 정의내리고 유치하기 위한 채용 전략을 설계하고 구현.
- 최고의 인재를 찾기 위한 효과적인 소싱 전략을 비즈니스의 니즈에 맞춰 수립.
- 비즈니스의 특성에 맞춰 채용 채널을 확보하고 운영.
- 전체적인 채용 프로세스를 운영하고 효율적인 프로세스 구축을 위해 끊임없이 개선.
- 채용 데이터 관리 및 분석을 통한 인사이트 발굴.
- Employer Branding 전략, 온/오프라인 채용 프로젝트 기획 및 실행.
- 비즈니스의 요구 사항을 예측, 반영하여 인재 파이프라인을 구축해 인력 계획에 대한 컨설팅을 제공.

[자격 요건]

- 학사 이상의 학위 보유하신 분

- 7년 이상의 채용 전반의 업무 경력 보유하신 분

- 유연한 소통 능력을 바탕으로 다양한 이해관계자를 설득할 수 있는 분

- 데이터 기반의 논리적 사고를 바탕으로 문제 해결 능력이 뛰어난 분

- 스스로 끊임없는 동기 부여를 통해 뛰어난 성과를 내고자 하는 분

[우대 사항]

- IT, Start up, 플랫폼 HR 경력 우대

- People Management 경험 우대

[참고내용]

1. PR팀에서 제작한 회사소개하는 노션 페이지 : https://www.notion.so/####

2. PR팀에서 운영하는 뉴스룸 페이지 : https://newsroom.###.com/

[처우] 현재 연봉과 희망연봉 감안하여 면접 후 협의 예정입니다.

[지원방법] 자유양식 이력서, 경력기술서 이메일 송부

[포함사항] 현재연봉(기본급과 성과급 구분하여 표기), 희망연봉,

움직이려는 사유, 후보님 핵심역량(강점들) 몇 가지

* 문의: ○○○ 상무, 010-1234-5678, ○○○@○○○.com

이상입니다.

그럼 긍정적인 검토 부탁드리며, 회신 기다리겠습니다.

헤드헌터는 인재를 찾아내고 추천하는 데 있어서 전문가이므로 잘만 활용하면 여러모로 진행이 쉽고 편리하다. 헤드헌터는 추천한 후보자가 입사하면 후보자 연봉의 15%~25%를 건당 수수료로 받기 때문에 후보자가 합격할 수 있도록 물심양면으로 지원한다. 기업에서 한 포지션을 여러 헤드헌터한테 오픈하면 적합한 조건을 가진 사람은 한정적이다. 그래서 한 후보자가 동시다발적으로 연락을 받을 수 있는데 이때 어떤 헤드헌터를 고르느냐가 생각보다 당락에 크게 영향을 미친다. 따라서 우리는 좋은 헤드헌터를 잘 선별해야 한다. 아래 기준을 참고해서 질문에 대한 답변을 들어보고 최적의 한 명을 골라보자. 여기에서도 KSA가 적용된다.

구분	기준	체크포인트
Knowledge	기업, 업종	- 해당 기업과 업종에 대해서 잘 알고 있는가? - 해당 기업과 주로 거래하고 있는가? 거래한 지는 몇 년 되었는가? - 해당 기업 외에 주로 거래하고 있는 기업과 업종은 어디인가? - 이 헤드헌터를 통해서 해당 기업에 몇 명 정도 입사했는가?
	부서, 사업부	- 해당 조직이 어떻게 구성되어 있는지 잘 알고 있는가? - 해당 조직장과 임원에 대해서 잘 알고 있는가? (출신 기업, 성향, 리더십 스타일)

	포지션	- 해당 포지션의 채용 사유와 배경을 정확히 아는가?
		  (충원 또는 증원)
		- 내 경력에 맞는 적합한 포지션을 제안했는가?
		  (직무 또는 직책)
		- 해당 포지션의 업무 내용을 자세히 알고 있는가?

	전문성	- 헤드헌터는 어떤 경력을 가지고 있는가?
		  (출신 업종/기업/직무)
		- 헤드헌터로서 근무한 기간은 얼마나 되는가?
		- 궁금해하는 부분에 대해서 잘 알고 있고
		  자신 있게 대답해주는가?

	HR	- 인사팀장, 채용담당자와의 관계가 우호적이고 잘 알고 있는가?
		- 해당 기업의 처우 수준을 자세히 아는가?
		  (연봉, 성과급, 복지)
		- 해당 기업의 연봉협상 원칙을 아는가?
		  (인상률, 프로세스, 협상 스타일)

Skill	의사소통	- 논리와 근거를 가지고 상대방을 잘 설득시키는가?
		- 빠르고 정확하게 피드백하는가?
		  (향후 일정, 합격여부, 불합격 사유)
		- 공식적이고 세련된 단어와 표현을 사용하는가?
		- 항상 잊지 않고 섬세하게 리마인드를 해주는가?
		  (면접일시 등)

	분석/판단력	- 나의 강점과 셀링포인트를 잘 분석하고 파악하고 있는가? - 해당 기업의 강점과 내게 추천하는 이유가 무엇인지 잘 설명하는가? - 센스 있고 눈치가 빠르며 변경사항에 적절히 대응하는가?

구분	기준	체크포인트
Skill	정보수집력	- 해당 기업에 대한 최신 정보와 뉴스를 신속하고 정확하게 알려주는가? - 헤드헌터만이 알고 있는 해당 기업의 채용 Tip을 많이 알려주는가? (경쟁자 수, 객관적인 나의 경쟁력, 면접에 대한 조언)
	정서적 관리	- 나의 말에 잘 공감해주고 좋은 부분에 대해서 적절히 칭찬해주는가? - 나의 아쉬운 부분에 대해서 잘 코칭하고 안내해주는가? - 본인을 통해 지원해준 것에 대해 고마움을 표현하는가? - 문제가 있을 시 실수를 인정하거나 해당 기업의 일도 대신 사과하는가?
	문서작성 스킬	- 처음에 보낸 제안메일의 내용을 봤을 때 문장력이 뛰어난 편인가? - 나의 이력서 구성과 내용을 매력적으로 다듬어주는가? (효과적인 배치, 셀링포인트 추천, 오탈자/누락/실수 정정)
Attitude	진정성	- 해당 포지션에 내가 가장 적합한 후보자라고 생각하는가? - 얼마나 진심을 갖고 나를 적극적으로 도와주려고 하는가? - 궁금한 점을 물어봤을 때 최대한 친절하고 구체적으로 설명해주는가? - 물어보지 않아도 먼저 피드백해주고, 잊지 않고 리마인드 해주는가? - 일회성이 아니라 적합한 포지션이 생기면 지속해서 제안을 주는가?
	개인화	- 그냥 찔러본 것이 아니라 나를 집중적으로 케어하고 있다고 느껴지는가? - 나에게 도움이 되는 정보와 자료를 충분히 제공하는가? - 내 상황에 딱 맞춰서 적절하게 가이드를 해주는가? (해당 기업 이직 시 강점, 비전, 시기 적절성)
	매력	- 단순히 일로서가 아니더라도 인간적으로 괜찮은 사람인가? - 친절하고 상냥한 태도, 배려하는 말투로 나를 대하는가? - 훌륭한 인성을 갖추고 있는가? (겸손함, 잘난척, 오만함 등) - 긍정적인 직업의식과 자긍심을 가지고 있는가?

처음에 받은 제안메일을 잘 살펴보면 헤드헌터의 역량과 인성을 어느 정도 가늠할 수 있다. 대표적으로 세 가지만 보면 되는데 ① 포지션과 기업에 대한 정보를 충분히 제공했는가, ② 내 경력에 꼭 맞는 포지션을 제안했는가, ③ 의사소통 능력이 뛰어난가이다. 이런 기본적인 부분부터 충족시키지 못한다면 다른 부분은 안 봐도 뻔하기 때문이다. 나는 채용담당자로서 헤드헌터의 실력이 결과에 많은 영향을 준다는 것을 실제로 많이 봤다. 헤드헌터가 후보자를 얼마나 잘 어필해주는지, 단계별로 얼마나 꼼꼼히 챙겨주는지가 생각보다 많은 부분에서 중요하다.

다음으로 포지션을 제안받는 두 번째 경로는 채용담당자에게 직접 제안받는 것이다. 기업에서도 비용을 지급하면 앞에서 다룬 채용플랫폼들을 사용할 수 있다. 그래서 요즘은 채용담당자들이 영입할 대상을 직접 찾고 연락하는 인하우스 채용과 타겟 리크루팅이 대세다. 원하는 인재를 입맛에 맞게 직접 찾아서 영입할 수 있고, 헤드헌터한테 지급할 수수료도 아낄 수 있기 때문이다. 그래서 채용플랫폼에 이력서를 올려놓으면 채용담당자에게 제안받는 경험을 종종 하게 된다. 이는 해당 기업에서 직접 제안하기 때문에 헤드헌터보다 신뢰감이 들고 궁금증이 있으면 바로 해소할 수 있다는 것이 큰 장점이다. 또한, 채용담당자가 연락했다는 것은 나를 꽤 경쟁력 있는 후보자로 생각한다는 방증이기 때문에 평소 좋게 생각했던 기업이나 업종, 포지션이라면 한 번 도전해보는 것을 추천한다.

마지막으로 포지션을 제안받는 세 번째 경로는 지인에게 추천받는 것이다. 앞서 이직 의사를 알렸기 때문에 지인은 적합한 채용공고를 알게 되면 우리에게 추천해줄 것이다. 그것이 채용플랫폼에 공개된 포지션일 수도 있고, 재직 중인 직장에서 내부적으로만 공개되었거나 다른 지인을 통해서 요청받은 포지션일 수도 있다. 특히 사내추천이나 지인 추천인 경우는 추천한 사람을 통해서 실력과 역량, 인성이 한 번 검증된 것이기 때문에 상당히 유리하다. 그래서 면접만 잘 본다면 직접 지원한 것보다 합격할 확률이 높은 편이다. 하지만 여기서 전제조건은 나를 추천한 지인이 평판이 좋고 믿을 만한 사람이어야 한다는 것이다.

세 가지 경로의 특징과 장단점을 정리해보면 다음과 같다.

구분	설명	장점	단점
헤드헌터 제안	• 헤드헌터가 채용플랫폼에서 이력서를 검색하여 제안 • 수락 시 포지션 상세 JD를 확인하여 지원 가능	• 사전 컨설팅 후 제출하므로 지원서 작성시 유리 • 면접/회사에 대한 정보 제공 (구체적, 실질적 정보) • 일정, 진행사항 수시 피드백	• 역량이 부족한 헤드헌터를 통해 지원할 경우 합격할 확률이 낮아질 수 있음
채용담당자 제안	• 채용담당자가 채용플랫폼을 통해 영입 대상을 직접 찾고 연락	• 기업에서 직접 제안하므로 신뢰감 높고 궁금증 해소됨 • 나를 경쟁력 있는 후보자로 생각한다는 방증임	• 어렵고 난감한 질문이어도 채용담당자에게 직접 질문해야 함
지인 추천	• 적합한 채용공고가 올라오면 지인이 추천 • 지인 직장에서 내부적으로만 공개됐거나 타인이 추천을 요청한 포지션	• 추천인을 통해 실력과 역량, 인성이 검증되었으므로 상당한 유리함 • 면접만 잘 본다면 합격할확률이높은 편	• 추천인이 평판이 안 좋거나 신뢰받지 못한다면 합격이 어려움

지금부터는 채용공고를 직접 찾는 방법을 살펴보자. 세 가지 경로가 있는데 ① 채용플랫폼 공고, ② 헤드헌팅 공고, ③ 기업 채용홈페이지 공고다. 먼저 채용플랫폼 공고를 찾을 때는 되도록 다양한 플랫폼에서 찾는 것이 좋다. 기업 대부분이 공고를 올릴 때 플랫폼을 2~3개 정도만 이용하므로 어떤 곳에는 올라온 공고가 다른 곳에 올라와 있지 않은 경우도 있기 때문이다. 아울러 채용플랫폼에 들어가면 Top100 메뉴를 보는 것이 가장 무난하다. 인기가 많은 기업은 그만한 이유가 반드시 있기 때문이다. 한 가지 팁을 주자면, 마이페이지에 들어가서 직무 맞춤설정을 한 번만 하면 들어갈 때마다 직무 내 Top100 공고가 뜬다.

채용플랫폼 공고를 찾는 것은 매우 간편하다. 반면에 공개채용이기 때문에 너무 많은 경쟁자가 몰린다는 단점이 있다. 그렇다면 아무나 알 수 없고 발품을 팔아야만 알 수 있는 공고는 없을까? 다행히 숨어있는 공고를 찾는 방법이 있다. 바로 헤드헌터가 올린 공고를 찾는 것이다.

각 채용플랫폼을 잘 살펴보면 '헤드헌팅'이라는 메뉴가 따로 있다. 여기에 올라온 공고는 헤드헌터나 서치펌이 기업의 서칭 의뢰를 받아서 직접 올린 것이다. 여기서도 직무/경력/직급 등 맞춤설정을 하면 선호도에 부합하는 공고 위주로 볼 수 있다.

헤드헌팅 공고는 남들이 쉽게 찾을 수 없는 공고에 지원할 수 있다는 장점이 있다. 기업에서 공개채용 형식으로 진행하고 싶지 않은 포지

션에 헤드헌터를 이용하기 때문이다. 다만 헤드헌팅 공고는 대부분 기업명이 공개되지 않는다. 주로 서치펌명과 헤드헌터만 나와 있고, '유명 게임사 OOO담당자', '대기업 계열사 OOO팀/과장급', 'IT스타트업 인사팀장'과 같이 추정할 수 있는 제목과 내용으로 구성된다.

공고 중 하나를 클릭해보면 상세내용이 나온다. 먼저 개요를 읽어보고 나서 아래 나와 있는 포지션 JD를 탐독하자. 만약 지원해보고 싶은 마음이 든다면 '즉시지원' 버튼을 클릭하면 된다. 그러면 '지원하기' 팝업창이 뜨는데, 기존에 플랫폼에 업로드했던 이력서가 있다면 JD에 맞춰서 내용을 수정한 후 지원할 수 있다. 이력서가 없다면 새로 업로드하면 된다.

또 하나는 기업의 채용 홈페이지 공고를 찾는 것이다. 많은 기업이 채용공고를 오픈할 때 채용 홈페이지와 채용플랫폼, 헤드헌터에 동시에 오픈한다. 하지만 유독 채용 홈페이지에만 올리는 기업도 있다. 주로 많은 지원자가 몰리는 Top tier 기업이다. 채용 브랜딩이 매우 잘 되어있거나 기업이 폭발적으로 성장하고 있어서 굳이 외부에 홍보하지 않아도 인재들이 알아서 찾아오기 때문이다. 따라서 만약 이런 곳에 지원하고 싶다면 수시로 채용 홈페이지에 들어가서 공고를 확인해봐야 한다. 경력직 수시채용은 언제 어떤 포지션이 오픈될지 모르기 때문에 목마른 사슴이 우물을 먼저 찾듯이 지원자가 직접 발품을 파는 수밖에 없다. 전체 채용 기간과 마감일정을 고려해야 하므로 적어도 주 1회는 채용 홈페이지에 들어가자.

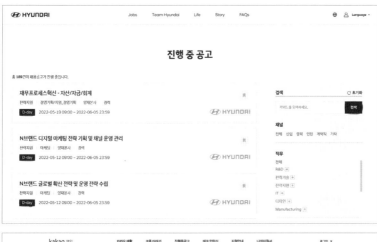

04. 일단 무조건 지원해보기

지원하는 것은 생각보다 어렵지 않다. 앞서 수립한 지원 전략과 원칙에 따라 채용공고마다 지원하면 된다. 다만 첫 이직인 만큼 몇 번은 연습해보는 것을 추천한다. 실전 경험을 통해 노하우를 쌓아서 최적의 포지션으로 이직하기 위해서다. 따라서 이직을 처음 시도할 때는 지원 전략과 원칙에 완벽하게 부합하지 않더라도 일단 지원해서 다양한 경험을 쌓아보자. 하지만 경험이 어느 정도 쌓였다고 생각되면 그때부터 지원 전략과 원칙에 부합하는 포지션에만 지원하자. 붙어도 가지 않을 곳을 지원할 경우 세 가지 측면에서 좋지 않기 때문이다.

첫 번째는 집중도가 떨어진다. 우리의 에너지와 시간은 한정되어 있으므로 한두 군데에만 집중해야 합격할 가능성이 커진다. 가지도 않을 곳에 지원하는 것은 자원 낭비일 뿐이다. 두 번째는 평판이 안 좋아진다. 합격 후 입사 포기가 반복된다면 생각보다 직무 네트워크와 업계가 좁아서 나를 알거나 알 수 있는 사람들이 많다. 평판이 한 번 안 좋아지면 계속 따라다닐 수 있으므로 항상 조심하자. 세 번째는 해당 기업과 관계자에게 민폐다. 한 명을 뽑기 위해서는 많은 사람의 에너지와 시간, 비용이 소요된다. 그래서 어렵게 뽑았는데 오지 않는다고 하면 상대방은 불쾌할 수밖에 없다. 더구나 나를 붙이려고 경쟁자를 떨어뜨렸다면 더욱 그렇다. 따라서 붙으면 80% 이상 입사할 생각이 있는 포지션에만 지원하는 것이 좋다.

이제 지원하는 방법을 구체적으로 살펴보자. 우선 채용 공고를 제대로 숙지해야 한다. 그중에서도 JD 상의 담당업부와 요구역량이 가장 중요하다. 이 두 가지가 나의 경력, 경험과 일치할수록 합격할 가능성이 크기 때문이다. 다음으로 채용공고에 맞춰서 지원서를 수정하자. JD에서 요구하는 사항에 맞춰 이력서/경력기술서/자기소개서의 표현이나 용어를 바꾸고, 우선순위가 일치하도록 기재순서를 변경하여 강점과 경력을 더욱 두드러지게 할 수도 있다. 내가 이 포지션에 적합한 사람이라는 것을 어필하는 것이다. 이해를 돕기 위해 예를 들어보자. 같은 채용담당자 포지션이라도 'Tech Recruiter'와 '채용 파트장'은 요구 사항이 다르다. 전자는 Tech 인력 채용 경험 위주로 기술하고 관련 내용을 앞부분에 써야 한다. 반대로 후자는 파트장 등 리더십 경험을 먼저 기재하고 이후로는 채용 업무에 대한 전문성을 어필하는 것이 효과적이다.

지원서가 완성되었다면 지원경로에 따라서 지원하면 된다. 먼저 헤드헌터에게 직접 지원하는 경우라면 지원서를 이메일로 첨부하여 제출하면 된다. 여기서 지원서란 이력서, 경력기술서, 자기소개서를 모두 포함하는데, 일반적으로는 이력서 또는 이력서+경력기술서를 의미한다. 자기소개서는 기업에서 요구할 때만 제출하면 된다. 내용은 기업의 자체 문항이 있다면 별도로 작성하고, 없다면 기본 문항만 쓰면 된다. 기본 문항은 성장 과정, 성격, 업무상 장단점, 지원동기, 입사 후 포부 등이다. 하나 또는 여러 종류의 지원서를 한 개의 워드 파일로 통합하여 제출하면 되는 것이다.

지원서 양식은 내가 자유롭게 만든 자체 양식과 헤드헌터가 보내주는 양식 중에서 선택하면 된다. 헤드헌터 대부분은 지원자의 자체 지원서를 달라고 한다. 따라서 자체 지원서가 있다면 보내기만 하면 되므로 매우 간단하다. 헤드헌터나 해당 기업에서 그들의 양식에 맞춰서 작성해달라고 요구한다면 일단 자체 지원서를 보내면서 본인이 적합한 지원자인지 검토해달라고 하자. 만약 자체 지원서를 그대로 받아주면 별도로 작성하지 않아도 된다. 하지만 재요청을 하면 그때 해당 양식을 채워서 제출하면 된다.

지원서를 제출하고 나면 헤드헌터 대부분이 현재연봉, 희망연봉, 이직 사유를 추가로 회신 요청한다. 따라서 처음에 지원서를 보낼 때부터 관련 내용을 본문에 작성하여 회신하자. 특히 현재연봉은 사실 그대로 기재해야 하는데 나중에 연봉협상 시 이에 대한 증빙자료를 요구하기 때문이다. 희망연봉은 될 수 있는 대로 높여 쓰되 그에 대한 논리와 근거가 명확해야 한다. (7장의 연봉협상 관련 내용을 반드시 읽어보고 기재하자.)

한편 채용담당자에게 직접 제안을 받았거나 지인의 추천을 받은 경우도 지원방법은 비슷하다. 채용담당자의 이메일이나 대표 메일주소를 받아서 지원서를 첨부하여 보내주면 되기 때문이다. 마찬가지로 자체 지원서를 제출하면 되고, 별도 양식에 작성하도록 요구하면 그때 작성하면 된다.

반면에 채용플랫폼의 공개채용과 기업 채용 홈페이지 직접 지원은 방법이 다르다. 채용플랫폼 공개채용은 기업 채용 홈페이지를 통해서 지원하도록 링크가 되어있다. 채용 홈페이지에 접속하면 공고별로 지원할 수 있으며, 웹 지원서 양식에 내용을 작성하여 제출하면 된다. 인적사항, 학력사항, 경력사항은 검색하여 선택하거나 직접 기재하여 작성하면 된다. 특히 경력을 기술하는 부분은 자체 지원서에 정리해 놓은 내용을 웹 지원서 양식에 맞춰서 가장 보기 좋게 붙여넣으면 된다.

<지원경로별 지원방법 및 제출 형태>

지원경로	지원 방법	제출 형태
헤드헌터	지원자의 자체 지원서 제출 또는 별도 지원서 양식에 작성하여 제출	워드파일
채용담당자	채용담당자의 이메일 주소를 받아서 자체 지원서를 첨부하여 제출	
지인 추천	지인을 통해서 채용 담당자에게 제출 또는 채용담당자 이메일로 직접 제출	
채용플랫폼 공개채용	기업 채용 홈페이지로 링크되어 있어 자체 지원서 양식에 직접 기재하여 제출	웹 지원서
기업 채용홈페이지	자체 지원서 양식에 직접 기재하여 제출	

지원서를 제출했다면 결과가 발표될 때까지 기다리면 된다. 첫 취업 준비 때 경험해봐서 알겠지만, 반드시 붙는다는 보장은 없다. 그러니 일단 지원과정에서는 최선을 다하되 마음을 비우고 겸허하게 결과를 기다리자. 그런데 아무리 기다려도 결과 피드백이 오지 않는다면 어떻

게 해야 할까? 전혀 걱정할 필요 없다. 헤드헌터나 채용담당자를 통해서 지원했다면 정중히 결과 확인을 요청하면 된다.

서류전형 피드백이 늦는 이유는 무엇일까? 첫째는 바빠서일 수 있다. 보통 하루면 서류 검토가 끝나지만, 채용담당자가 진행 중인 포지션이 너무 많아서 바쁘거나 현업에서 검토가 늦으면 일주일까지 소요될 수 있다. 둘째는 단순히 잊어버려서일 수도 있다. 워낙 많은 포지션을 담당하다 보면 기록을 했더라도 놓치는 경우가 발생할 수 있다. 지원자조차도 여러 개의 회사에 지원한 경우 언제 어디에 지원했는지 기억하지 못할 수 있다. 따라서 지원한 포지션 리스트를 관리하여 스스로 진행 상황을 확인하고 먼저 챙기는 것이 좋다.

서류전형에서 불합격이 반복된다면 구체적인 사유를 물어보자. 이후 자체적으로 리뷰하여 지원서를 업그레이드를 해보는 것이다. 크게 분석해보면 나의 경력이나 경험이 부족했거나, 매력적으로 표현하지 못했거나, 애초에 적합하지 않은 포지션에 지원했기 때문일 것이다. 객관적으로 따져보고 이후에 지원할 때는 이를 보완하여 합격률을 높여가자.

서류전형 요약

01. 지원 원칙과 전략 정하기
- 지원 원칙 : 이직 원칙과 연결해서 어떤 포지션에 지원할지
  구체적이고 명확하게 수립
- 지원 전략 : 그물형, 낚시형, 작살형

02. 나를 최대한 널리 알리기
- 이직 의사를 드러내기 : 기업과 채용담당자, 헤드헌터, 지인

03. 지원 가능한 공고 찾아보기
- 제안받기 : 헤드헌터, 채용담당자, 지인
- 직접 찾기 : 채용플랫폼 공고, 헤드헌팅 공고,
  기업 채용 홈페이지 공고

04. 일단 무조건 지원해보기
- JD상의 담당업무와 요구역량을 정확히 파악 후
  JD에 맞춰서 지원서를 수정
- 지원경로 : 헤드헌터, 채용담당자, 지인 추천, 채용플랫폼,
  기업 채용 홈페이지

02	나를 최대한 널리 알리기
03	지원 가능한 공고 찾아보기
04	일단 무조건 지원해보기

야, 너도 다른 회사에 갈 수 있어

5장.

면접을 어떻게
봐야 붙을까

01	회사 낱낱이 파헤쳐 보기
02	1차 면접 제대로 준비하기
03	최종면접 철저하게 준비하기

● ● ● 입력 중

서류전형은 전초전에 불과하다. 최종합격을 위해서는 본 게임인 면접이 남아있기 때문이다. 신입사원 채용은 서류전형 후 인적성검사를 진행하지만, 경력사원 채용은 서류전형에 합격하면 곧바로 면접 전형을 진행한다. 채용 사유가 대부분 퇴직 후임 충원이라서 리드 타임을 최대한 단축해야 하기 때문이다. 그렇다면 면접에 합격하기 위해서는 무엇을 준비하고 어떻게 봐야 붙을 수 있을까? 지금부터 그 방법을 하나씩 살펴보자.

01. 회사 낱낱이 파헤쳐 보기

면접을 잘 보기 위해서는 우선 회사를 상세하게 파악해야 한다. 주로 무엇을 파악해야 할까? 크게 네 가지를 파악하면 되는데 바로 사업, 재무, 인사, 경영진이다. 회사를 이루는 기본적인 근간이기 때문에 이 네 가지만 제대로 파악하고 있어도 전반적인 부분에 대해 알 수 있다. 그렇다면 관련 정보들을 어디서 파악하면 될까? 각각 아래의 경로별로 파악할 수 있다.

1. 기업 홈페이지 공식 홈페이지 또는 채용 홈페이지
- 접근 경로 : 네이버, 다음, 구글 등 포털 사이트에서
　　　　　　'기업명' 또는 '기업명+채용'으로 검색
- 파악 정보 : 사업(사업 영역), 재무(매출액, 영업이익), 인사(임직원 수,
　　　　　　일하는 방식, 인사/복리후생 제도), 경영진(경영진 구성, 경영철학)

- 검색 방법 : 메뉴별 클릭

2. DART전자공시시스템

- 접근 경로 : 모바일 앱 다운로드(금융감독원 모바일 전자공시)

    또는 웹사이트 접속(http://dart.fss.or.kr)

- 파악 정보 : 사업(사업 영역, 업계 동향), 재무(매출액, 영업이익,

    이익률, 자본, 부채), 경영진(경영진 구성, 의사결정 구조,

    경력), 인사(임직원 수, 조직구조)

- 검색 방법

    1) 검색창에 회사명 입력 후 검색

2) 여러 보고서 중 사업보고서 열기

3) 사업

- I. 회사의 개요, II. 사업의 내용 열기

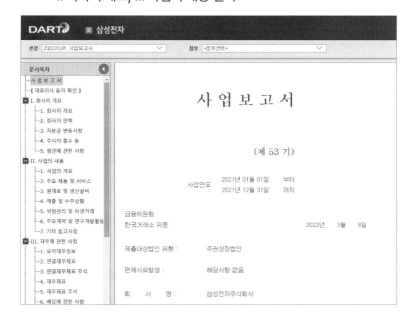

4) 재무

- 2. 연결재무제표[1] 열기

- 페이지를 아래로 내리다 보면 '연결 손익계산서'에서

   매출, 이익 등 확인 가능

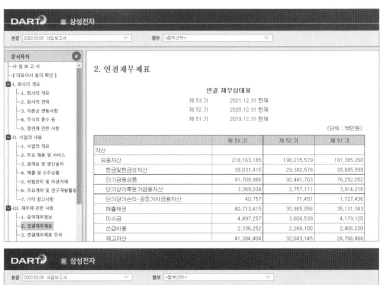

---

1 연결재무제표 : 자회사의 재무까지 함께 기재한 것으로 지배기업과 종속기업의 자산과 부채, 자본, 이익 등을 합쳐서 볼 수 있다.

5) 경영진

- VIII. 임원 및 직원 등에 관한 사항 열기

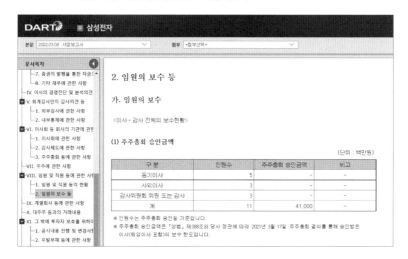

6) 인사

- 상기 페이지에서 '직원 등의 현황'에서 임직원 수 등 확인 가능

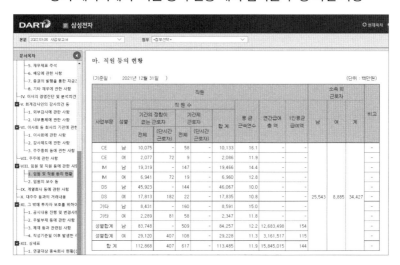

3. 뉴스/기사

- 접근 경로 : 네이버, 다음, 구글 등 포털 사이트에서
  '기업명' 또는 '기업명+α'로 검색
- 파악 정보 : 사업(사업 방향, 업계 동향), 재무(매출액, 영업이익), 인사
  (일하는 방식, 인사/복리후생 제도), 경영진(CEO 리스크, 법적 이슈)
- 검색 방법 : 뉴스 메뉴에서 최신순으로 검색

'이커머스 1위' 퀀텀점프 노리는 네이버 VS 새로운 성장 모멘텀 찾는 쿠팡

국내 이커머스 시장을 둘러싼 네이버와 쿠팡의 양강구도가 올해 더 치열해질 것으로 예상된다. 최근 메리츠증권에 따르면 지난해 국내 이커머스 시장점유율은 네이버쇼핑(17%), SSG닷컴·이베이코리아(15%), 쿠팡(13%) 순서로, 아직 이커머스 시장에서 완벽한 1위는 없다는 분석이 나온다. 업계는 이커머스 시장 규모가 계속 커지는 만큼 1위 수성을 위해 퀀텀점프를 노리는 네이버와 물류와 신사업에 공격적으로 투자하는 쿠팡의 양강 구도가 한층 더 격화될 것으로 전망했다.

"뉴삼성 출발" 삼성전자, 세대교체 가속화… 30대 임원·40대 부사장 등판

성과주의·세대교체 인사 마무리…이재용 부회장, '뉴삼성' 성장 동력 마련
미래 지속성장·성과주의 원칙下에 부사장·상무 등 198명 승진 인사 단행
30대 상무, 40대 부사장 과감히 발탁…차세대 경영자 육성, '뉴삼성' 강화
여성·외국인에 승진 확대…소프트웨어·고객 경험 등 미래 성장동력 강조
신규 임원 평균 연령 47세, 신규 여성 상무 승진만 12명…능력 중심 인사

---

4. 재직자/퇴직자

- 접근 경로 : 지인에게 직접 문의, 지인 소개 통한 연락, 링크드인,

    블라인드, 묻다, 커피챗

- 파악 정보 : 사업(사업영역, 업계동향), 인사(조직, 일, 사람),

    경영진(경영, 평판)

- 검색 방법 : 경로별 연락

경로	설명	강점
지인에게 직접 문의	해당 회사에 재직 중이거나 재직했던 지인이 있다면 직접 전화나 메신저로 문의	가장 신뢰할 수 있으며, 날 것 그대로의 내용을 들을 수 있음. (단, 신뢰할 만한 지인이어야 함. 개인만의 경험이거나 카더라 정보일 수 있음)
지인 소개 통한 연락	해당 회사 재직자나 퇴사자를 알고 있는 지인이 있다면 연락처를 받아서 전화나 메신저로 문의	지인을 통해 소개받은 사람이기 때문에 정보를 어느 정도 신뢰할 수 있음. (단, 개인적 친분이 없다 보니 민감한 질문은 하기 어려울 수 있음)
링크드인	회사명 또는 회사명+직무명으로 검색하면 재직자/퇴직자 모두 검색 가능함. 직접 연락하여 궁금한 점을 문의	인맥을 통해 연락하기 어려운 경우 에 현실적으로 가장 쉽고 확실한 방법임. (단, 붙임성이 없는 사람은 쉽게 도전하기 어려우며, 무응답도 많은 편)
블라인드	블라인드에서 해당 회사명을 태그하여 게시물 올리면 재직자/퇴직자와 댓글로 소통 가능. 1:1로 익명 대화도 가능	익명으로 물어보기 때문에 민감한 내용까지도 편하게 질문 가능 (단, 커뮤니티 특성상 부정적인 얘기를 하는 경우가 많고, 카더라 정보일 수 있음)
커피챗	이직 희망자와 업계 사람을 일대일 로 연결해 주는 커리어 플랫폼	원하는 업계의 5~8년차 현직자를 10분 안에 상담할 수 있으며, 20분간 목소리로 근무환경, 보수 등 상세한 정보를 얻을 수 있음
묻다	다양한 현직자와 익명의 통화로 대화하는 커리어 앱 플랫폼	통화 시간을 5분(400원) 단위로 신청할 수 있어 필요한 질문을 미리 뽑아서 압축적으로 물을 수 있기에 효율적으로 이용 가능

5. 헤드헌터

- 접근 경로 : 담당 헤드헌터

- 파악 정보 : 사업(사업 영역, 사업 방향), 재무(성장성/안정성),

　　　　　　　인사(조직, 일, 사람), 경영진(경영)

- 검색 방법 : 전화 또는 메일로 상세히 문의

　　　　　　　(다른 경로로 파악하기 힘든 것 위주로 질문)

<면접 시 파악할 영역 및 경로>　　　　　　　● Fact / ○ Fact 아닐 수 있음

구분			기업 홈페이지	DART	뉴스/기사	재직자/퇴직자	헤드헌터
사업	사업 영역	주요 상품/서비스	●	●	●		●
		계열사/자회사	●	●	●		●
	사업 방향	사업 목표/전략	●		●	○	○
		신규 사업/서비스			●	○	
	업계 동향	경쟁사/MS			●	●	○
		주요 고객			●	●	
재무	성장성/ 안정성	매출액/영업이익	●	●	●		●
		자본/부채		●			
인사	조직	임직원 수/조직구조	●	●		○	●
		조직문화/일하는 방식	●		●	●	●
	일	팀 구성/직무 R&R				●	●
		업무 강도/워라밸				●	○
	사람	인사/복리후생	●		●	●	●
		고용 안정성				●	○
경영진	경영	경영진/의사결정 구조	●	●	●	●	●
		경영철학/경력	●		●		
	평판	인성				●	
		리스크/법적 이슈			●	●	

02. 1차 면접 제대로 준비하기

이제 파악한 정보를 토대로 면접에 임하면 된다. 1차 면접은 실무 면접이기 때문에 업무와 조직에 대해서 물어본다. 다음은 핵심질문 3가지로 이에 대한 답변은 반드시 준비하자.

1. 주로 어떤 업무를 해봤고, 가장 뛰어난 성과가 무엇인가요?
2. 이직 사유는 무엇이고, 많은 회사 중에서 우리 회사에 오고 싶은 이유가 무엇인가요?
3. 우리 회사에 오셔서 기여할 수 있는 부분은 구체적으로 무엇인가요?

1차 면접은 보통 다대일 방식 면접관 2~3명 : 지원자 1명 으로 진행되며, 소요시간은 30~40분 정도 된다. 진행순서와 자주 나오는 질문은 아래와 같다.

No.	진행 순서	자주 나오는 질문
1	면접 시작	- 인사, 아이스브레이킹 - 면접관 소개, 진행방식 안내
2	자기소개	- 경력과 직무 중심으로 간단하게 본인을 설명해 주실래요?
3	경력에 대한 질문	- 지금까지 쌓아온 경력에 대한 배경이 있나요? - 지금의 직무를 선택하신 이유는 무엇인가요?
4	담당업무에 대한 질문	- 주로 담당하신 업무가 무엇인가요? - 지금까지 진행하신 업무 중에 가장 큰 성과는 무엇인가요? - 현재 근무하시는 조직의 구성은 어떻게 구성되어 있나요?
5	대답에 대한 꼬리질문	- 아까 이렇게 말씀하셨는데 더 구체적으로 말씀해주시겠어요? - 이 부분에 대한 본인의 생각은 어떤가요?

6	이직사유와 지원동기에 대한 질문	- 이직하시려고 하는 구체적인 사유가 무엇인가요? - 많은 회사 중에 우리 회사에 오고 싶으신 이유는 무엇인가요? - 만약 입사하시게 된다면 언제쯤 가능하신가요? - 후보자님이 이직하시면 현재 조직은 어떻게 될 것 같으세요?
7	강약점에 대한 질문	- 본인의 업무스타일은 어떤가요? 주변에서 어떻게 평가하나요? - 업무와 역량에 있어 본인의 가장 큰 강점이 뭐라고 생각하세요? - 약점이 무엇이고 그것을 극복하기 위한 노력은 무엇인가요? - 팀워크와 의사소통 스타일은 어떤가요? - 본인의 리더십/팔로워십 관련해서 남에게 들어본 말이 있나요?
8	입사 후 포부에 대한 질문	- 입사 시 해보고 싶은 업무가 있으신가요? - 오셔서 기여할 수 있는 부분은 구체적으로 무엇인가요? - 중장기적으로 원하시는 커리어 골과 커리어 패스는 무엇인가요?
9	현 조직과 포지션에 대한 상황 공유	- 이 포지션의 채용 사유는 이렇습니다. (충원/증원, 역할, 기대사항) - 현재 저희 조직의 상황은 이렇습니다. - 후보자에 대한 기대사항(주요 담당업무 및 성과)
10	면접 마무리	- Q&A - 최종 어필 - 이후 절차 안내 - 인사

* 실제 면접순서와 질문은 기업과 면접관에 따라 다를 수 있음

그럼 각 질문에 대한 답변은 어떻게 하는 것이 좋을까? 면접진행 순서에 맞춰 좋은 점수를 받을 수 있는 답변요령을 살펴보자.

1. 면접 시작

서로에 대한 첫 인상을 느끼는 순간이다. 면접관을 보면 직관적으로 조직문화를 알 수 있다. 말투와 표정, 대화내용을 통해 평상시에 어떻게 사람을 대하고 일을 진행할지 짐작이 가능하기 때문이다. 면접관은 입사하게 되면 상사가 될 사람이기 때문에 모실 만한 분인지 미리 생

각해보자. 그러나 면접 때는 일단 뽑혀야 하는 입장이기 때문에 판단하기에 앞서 최대한 좋은 인상을 주기 위해서 노력하자.

인사 : 온화한 미소를 지으면서 눈을 마주치며 인사하자. 특히 목소리가 잘 들리도록 말 크기와 높이, 발음에 신경 써서 이야기하는 것이 중요하다. 화상면접인 경우에 종종 오류가 나서 당황스러운 상황이 발생할 수 있는데 이때는 침착하게 대처하면서 여유있게 대답하자.

아이스브레이킹 : 긴장된 분위기를 풀기 위해서 면접관이 가벼운 질문을 던지는 것이다. 보통은 식사를 했는지, 오늘 면접에 참석하기 위해 연차를 사용했는지 물어보는 경우가 많다. 요즘은 화상면접으로 진행하는 경우가 많아서 재택근무 중 면접을 보는 경우도 많은데 후보자가 있는 장소가 집인지, 외부인지도 많이 물어보는 질문 중 하나다.

면접관 소개 및 진행방식 안내 : 보통 진행을 맡은 실무자 선임이 돌아가면서 면접관들을 소개해주거나 면접을 주관하는 팀장이 직접 소개해주기도 한다. 이어서 면접의 전체적인 진행방식에 대해서 설명해준다. 그러나 이 부분은 생략하는 경우도 있으며, 그럴 경우 대부분 바로 질문을 시작한다.

2. 자기소개

경력직 면접도 신입사원 면접처럼 자기소개를 시킨다. 신입사원은 역량 중심으로 비유를 사용해서 임팩트 있게 소개하는 반면 경력사원은 경력과 직무 중심으로 담백하고 간결하게 소개해야 한다. 나의 최대 강점이라고 생각되는 부분을 어필하는 것이 가장 좋으며, 이력서를 보고 면접관이 주로 궁금해할 것 같은 부분을 미리 언급하는 것도 좋다.

3. 경력에 대한 질문

JD에 주로 언급된 경력을 위주로 어필하는 것이 좋다. 만약 헤드헌터가 내 경력에서 해당 기업의 목표회사가 있다고 정보를 줬다면 그 경력을 중심으로 대답하는 것이 효과적이다.

4. 담당업무에 대한 질문 ^{핵심질문}

후보자가 담당업무에 대한 전문가이고 즉시 전력감이 있는지 알아보기 위한 질문이다. 이때는 JD 상에서 주로 언급된 담당업무를 중심으로 어필하는 것이 좋다. 특히 성과에 대해서 말할 때는 특정 키워드나 숫자를 중심으로 답변하자. 근무하는 조직에 대한 질문도 많이 나오는데 면접관이 큰 그림을 그릴 수 있도록 상위 조직구조부터 언급하고, 이후에 팀 구성을 얘기하는 것이 좋다. 팀 인원수와 각각의 역할이 무엇인지, 나와 같은 일을 하는 인원은 몇 명이 있고 R&R을 어떻게 분배하고 있는지 등을 말하면 된다.

5. 대답에 대한 꼬리질문

면접관이 후보자를 보다 자세하게 파악하고 싶을 때 꼬리질문을 한다. 따라서 답변할 때는 숫자나 예시, 프로세스 등을 활용해서 처음보다 상세하게 설명을 해주는 것이 좋다. 특히 본인의 생각을 묻는 질문이 있다. 이 질문의 의도는 해당 부분에 대한 후보자만의 철학과 논리를 보기 위한 것이다. 나아가 면접관의 생각과는 얼마나 일치하는지를 알아보기 위한 것이다. 그러므로 면접관의 성향과 분위기를 잘 파악하면서 적절하게 대답하자.

6. 이직 사유와 지원동기에 대한 질문 <small>핵심질문</small>

이직 사유와 지원동기는 면접관이 가장 궁금해하는 것 중에 하나다. 사실 현재 직장에 만족하거나 진짜 핵심인재라면 굳이 회사를 옮길 이유가 없을 것이기 때문이다. 따라서 이직을 시도하는 진짜 이유가 궁금할 수밖에 없다. 그리고 왜 꼭 우리 회사에 지원했는지도 궁금하다. 따라서 누가 들어도 합당한 이직 사유와 지원동기가 있어야 하며, 두 가지가 자연스럽게 연결되도록 말해야 한다. 예를 들어, "회사가 지방으로 이전하게 되었는데 배우자가 서울에서 살기를 원한다"라는 이야기를 들었을 때는 충분히 이해가 된다. 혹은 "현재 종사 중인 업종에 한계를 느껴서 바꾸고 싶은데 이 업종이 가장 성장하고 있다. 그리고 해당 기업이 업계를 선도하고 있어서 지원하게 되었다."라는 말을 들으면 그럴듯하게 들린다.

7. 강·약점에 대한 질문

강점은 업적 측면과 역량 측면에서 말하면 된다. 강점이 여러 개라면 면접관이 들었을 때 가장 매력적으로 느낄 만한 포인트를 내세우자. 특히 내가 생각하는 강점보다는 상사/동료/부하 등 다른 사람에게 들어본 객관적인 강점을 말하는 것이 더 좋다. 약점은 가급적 말하지 않는 것이 좋지만 보완하기 위해 노력하는 부분이 있다면 연결해서 이야기하자.

8. 입사 후 포부에 대한 질문 핵심질문

면접관이 알고 싶은 것은 명확하다. 후보자가 입사한다면 우리 조직에서 어떤 역할을 맡고 어떤 성과를 낼 것인가다. 따라서 후보자는 이 부분에 있어서 면접관에게 확신을 줘야 한다. 입사 후 내가 해보고 싶은 일, 기여할 수 있는 것들에 대해서 최대한 구체적으로, 단계별로 어필하자. 특히 기존의 경력과 경험을 연결지어서 포부를 밝힘으로써 설득력을 높이자.

9. 현 조직과 포지션에 대한 상황 공유

이 부분은 면접관에 따라 면접 초반에 말해주는 사람도 있고, 후반에 말해주는 사람도 있다. 혹은 아예 말해주지 않는 사람도 있다. 사실 후보자의 입장에서는 면접의 목적과 취지를 명확하게 알 수 있으니 초반에 말해주는 것이 가장 좋다. 하지만 면접관이 언제 말해줄지는 모르기 때문에 일단 쭉 진행하자. 만약 후반까지 말을 해주지 않는다면 마지막 Q&A 때라도 꼭 한 번 물어보기를 권장한다.

채용사유 : 경력직을 하는 이유는 충원과 증원 중 하나다. 충원은 퇴직에 따라 공석을 채우는 것이고, 증원은 신규사업 확대나 역할 발생에 따라 T/O[2] 대비 인원을 늘리는 것이다.

---

2 T/O : 보통 조직에서 사람을 새로 받을 때 '티오가 있네 없네'라는 말을 종종 사용하는데, T/O는 Table of Organization의 약자로 조직체계도를 일컫는다. 해당 조직의 체계를 단위 조직과 하부단위별로 나눠 그린 도표로 조직의 성격에 따라 각기 다른 체계도를 갖는다. 최근에는 빠르게 변화하는 조직 라인을 따라가기 어려워 그 효용 가치가 떨어질 때가 많다.

조직 상황 : 현재 채용 중인 조직의 인원수와 조직 구성이 어떻게 되어있는지 설명해준다. 또한, 조직의 목표와 당면과제, 이슈는 무엇인지를 알려주는데 이는 기대사항과 연결된다.

기대사항 : 후보자가 입사할 경우 담당하게 될 주요 담당업무와 역할은 무엇이며, 구체적으로 어떤 성과를 내주기를 바라는지에 대해서 명확히 인지시켜준다.

10. 면접 마무리

쏟아지는 질문에 열심히 답변하다 보면 30~40분이 생각보다 금방 지나간다. 끝날 때가 되면 면접관은 아래와 같이 진행하며 마무리한다.

Q&A : 면접관이 후보자에게 주로 물어봤기 때문에 반대로 후보자가 질문하는 시간이다. 특히 면접 중에 현 조직과 포지션에 대한 상황을 잘 공유 받지 못했다면 이 타이밍에 반드시 물어보자. 최종 합격했을 때 입사를 결정하려면 정확한 정보가 있어야 하기 때문이다. 꼭 면접관만 후보자를 평가하는 것이 아니다. 후보자도 회사를 비교하고 평가하고 선택한다.

최종 어필 : 마지막으로 하고 싶은 말을 하면 된다. 미리 준비한 멘트가 있다면 해도 되고 면접 중에 하고 싶은 말이 생겼다면 해도 된다. 혹시 당신이 마지막으로 어필한 한 마디가 결과가 바뀔지도 모른다. 그러니 후회가 없도록 끝까지 최선을 다하자.

이후 절차 안내 : 이후 프로세스에 대한 설명과 함께 면접결과가 나오면 채용담당자를 통해서 알려주겠다고 말한다. 혹시 2차 면접에 대한 조언을 해주거나 면접관에 대한 힌트를 준다면 1차 면접에서 합격했을 가능성이 크다고 생각하면 된다.

지금까지 살펴본 것은 우리나라 기업들이 평균적으로 진행하는 면접순서와 주요 질문이다. 하지만 면접관의 역량에 따라 면접의 수준이 달라질 수 있다. 실제 면접을 보다 보면 진행순서부터 면접 분위기, 질문 내용과 깊이까지 천차만별이기 때문이다. 간혹 적절하지 않은 태도와 언행으로 채용담당자마저 당황하게 만드는 면접관들도 있다. 이때 후보자는 멘탈 관리가 매우 중요하다. 심호흡을 한 번 하고 여유로운 태도를 유지하면서 답변하자. 모르는 것은 모른다고 말하고, 해보지 않은 것은 안 해봤다고 하자. 지금까지는 몰랐지만 앞으로 입사하게 되면 알아보겠다고 솔직하게 대응하면 된다. 실제 해본 것 위주로만 설명한다면 크게 어려움이 없을 것이다.

사실 면접을 잘 보는 비결은 매우 간단하다. 질문의 요지를 잘 파악해서 적절하게 답변하면 된다. 면접에서 여러 번 고배를 마시는 사람을 들여다보면 동문서답을 하는 사례가 많다. 따라서 면접 중에는 면접관의 질문을 집중해서 듣고 그 의도를 파악하기 위해서 노력하자. 이를 면접 전에 연습하려면 미리 예상질문을 만들어서 그에 대한 답변을 쭉 적어보면 된다. 여기서 중요한 것은 답변 내용을 다 외우려고 하지 말고 키워드 중심으로 기억하는 것이다. 그리고 스스로 만족스러운 답변을 할 수 있을 때까지 연습하자. 실제 면접을 볼 때 준비한 키워드 중심으로만 답변해도 동문서답을 할 가능성은 매우 줄어들 것이다.

그렇다면 면접방식은 어떤 것이 있을까? 크게 대면 면접과 화상 면접이 있다. 불과 몇 년 전만 해도 사람은 직접 보고 판단해야 한다는 인식이 지배적이었다. 하지만 코로나 이후로 대면 면접이 불가능한 상황이 되면서 화상 면접이 보편화되었으며 앞으로도 이러한 변화는 지속될 것으로 예상한다. 막상 해보니 크게 불편하지 않고 오히려 장점도 많기 때문이다. 그렇다면 대면 면접과 화상 면접의 응시 경로와 장단점은 무엇인지, 그리고 각각의 면접 노하우와 주의사항은 무엇인지 한 번 비교해보자.

구분	대면면접	화상면접
응시 경로	- 사전 안내된 시간과 장소로 직접 참석 - 사옥 내 대기 장소/면접실, 지정 외부장소	- 안내된 시간에 화상면접 Tool로 접속 - 자체 플랫폼, Zoom, Webex, MS Teams
장점	- 면접관 반응을 알 수 있고 교감이 수월함 - 비언어적 의사소통 효과적으로 활용 가능	- 시간과 장소 제약 적음 (재택근무 중 가능) - 대면 울렁증 있는 경우 편안히 응시 가능
단점	- 참석하기 위해 이동시간과 비용이 소요됨 - 대면 울렁증 있으면 긴장하는 것이 드러남	- 면접관 반응을 알기 어렵고 교감 적음 - 비언어적 의사소통 활용에 어려움 있음
면접 노하우	- 면접관과 눈 마주치고 교감하며 답변할 것 - 자신감 있는 태도와 자세, 목소리로 답변	- 면접관 질문이 끝나길 기다렸다가 답변 - 기억나지 않으면 참고자료 띄우고 답 변
주의사항	- 15분 전에는 도착하도록 여유롭게 출발 - 잘못 찾아가지 않도록 주소 입력 후 갈 것	- 소음과 방해가 전혀 없는 공간에서 실시 - 네트워크 연결이 잘 되는 환경에서 접속

03. 최종면접 철저하게 준비하기

1차 면접을 통과했다면 이제 실질적인 최종관문이 남았다. 기업마다 면접단계가 다르지만 보통 최종면접은 담당 임원이 실시한다. 포지션의 중요도에 따라 대표이사가 직접 참석하는 때도 있다. 1차 면접을 통해서 직무 전문성을 인정받았기 때문에 최종면접에서는 이를 검증하는 자리라고 보면 된다. 또한, 임원들은 좀 더 큰 시각에서 후보자를 바라본다. 단순히 실무능력뿐만 아니라 후보자가 회사와 조직에 잘 어울리는 인재인지, 인성이나 도덕적으로는 문제가 없는지, 향후 어떤 트랙으로 성장하면 좋을지 등을 종합적으로 판단하기 때문이다. 그러므로 우리는 이에 맞춰서 조금 더 넓은 시야로 면접을 준비해야 한다.

우리가 가장 먼저 알아야 할 것은 '회사의 사업 방향'이다. 근본적으로 회사가 먼저 생존해야 회사에 소속된 개인도 일을 지속할 수 있다. 따라서 직급이나 직무를 막론하고 회사가 어떤 방향으로 사업을 해 나가고자 하는지에 대한 이해가 있어야 한다. 예를 들어, 회사를 먹여 살리는 주요사업과 상품, 서비스는 무엇인지, 신규사업은 어떻게 구상하고 있는지, 계열사나 자회사는 어떻게 구성되어 있는지 등을 파악해야 한다. 이를 파악하기 위한 가장 효과적인 방법은 매년 시무식 때 경영진이 사업 방향을 발표하고 선언하는 신문기사다. 여기에는 경영진의 의도와 생각이 일목요연하게 담겨 있으므로 이대로만 알고 있으면 큰 그림은 충분히 그릴 수 있다.

두 번째로 알아야 할 것은 '조직의 운영 방향'이다. 내가 하는 모든 일은 나 혼자 만족하기 위해서 하는 것이 아니고 회사와 조직에 모두 연결되어 있다. 그래서 내가 일하게 될 조직은 회사의 사업 방향에 맞춰서 어떤 전략을 가지고 운영될 것인지 알아야 한다. 이를 파악하기 위해서는 1차 면접 때 최대한 물어봐야 한다. 1차 면접관이 팀장이라면 담당 임원이 무엇을 조직의 목표로 삼고 있는지 알고 있을 것이다. 따라서 이에 대해 충분히 답변을 듣고 추후 최종면접에 간다면 무슨 이야기를 할지 미리 생각해보자.

세 번째로 알아야 할 것은 '나만의 강점'이다. 결국, 가장 중요한 것은 "왜 하필 이 사람을 뽑아야 하는가?"이다. 후보자가 아무리 회사와 조직을 잘 알고 있더라도 그 사람 자체가 매력적으로 느껴지지 않는다면 뽑을 이유가 없기 때문이다. 따라서 쐐기를 박기 위해서는 회사의 사업 방향, 조직의 운영 방향, 나만의 강점 이렇게 세 가지를 연결해야 한다. 회사와 조직의 방향에 맞춰서 이 일을 해낼 수 있는 사람은 나밖에 없으니 반드시 나를 뽑아야 한다는 점을 강조하는 것이다. 따라서 내가 가진 경력과 경험, 성과와 역량 안에서 다른 후보자에게 없는 나만의 차별화된 무기는 무엇인지, 남들보다 더 나은 점이 무엇인지 진지하게 생각해보자. 그리고 그 강점을 활용해서 회사와 조직에 어떤 기여를 할 수 있을지를 어필해라.

확실한 합격을 위한 한 가지 방법이 더 있다. 바로 '담당 임원의 성향을 파악하는 것'이다. 면접은 사람이 보는 것이기 때문에 100% 객관적이기는 어렵다. 따라서 면접관의 주관과 호감도가 어느 정도 개입될 수밖에 없다. 이러한 점을 이용하여 면접관이 중요하게 생각하거나 좋아하는 부분이 무엇인지 파악하는 것은 좋은 전략이 될 수 있다. 특정 용어, 표현, 생각, 행동, 배경, 출신, 성향 등 다양한 측면에서 선호도를 알수록 도움이 될 것이다. 가용한 인맥과 수단을 최대한 활용해서 도움이 될 만한 정보를 수집해보자. 가장 쉬운 방법은 담당 헤드헌터에게 물어보는 것이다. 만약 잘 모른다면 지인이나 SNS 등을 통해서 재직자에게 접촉해보자. 노력한 만큼 양질의 정보가 쌓일 것이다. 물론 카더라 식의 정보일 가능성도 있으므로 잘 분별해서 준비하자.

정리해보면 면접은 마치 소개팅과 비슷하다. 첫인상도 중요하지만 실제로 얘기를 나누다 보면 생각했던 것과는 다르게 보일 수 있기 때문이다. 첫인상이 강화될 수도 있고, 전혀 다른 반전이 있을 수도 있다. 결국, 서로 다시 만나고 싶고 함께 하고 싶어야 한다. 그래야만 애프터 after가 성사되어 다음 단계를 밟을 수 있다. 면접도 마찬가지다. 지원서로만 봤을 때 느꼈던 첫인상이 실제 면접을 보면서 바뀌는 경우도 적지 않다. 그리고 다시 한번 보고 싶어야 면접에서 합격할 수 있고, 다음 단계로 넘어갈 수 있다.

만약 면접에서 합격하지 못했더라도 너무 좌절하지 말자. 실망스러운 마음은 어쩔 수 없겠지만 회사와도 어느 정도 궁합과 운명이 있기 때문이다. 내가 부족해서 떨어진 것이 아니라 단순히 그 회사와 내가 안 맞아서 일 수도 있다. 반대로 붙었다고 해서 너무 좋아할 필요도 없다. 기대가 크면 실망도 큰 법이니 일단 기대치를 낮추고 평정심을 가진 상태로 다음 단계에 임하자. 연봉협상에서 기대보다 못한 제안을 받을 수도 있고, 입사했는데 밖에서 봤던 것보다 훨씬 못할 수도 있기 때문이다. 모든 것은 실제 겪어보고 나서 판단해도 늦지 않다.

면접 전형 요약

01. 회사 낱낱이 파헤쳐보기
- 파악할 4가지 : 사업, 재무, 인사, 경영진
- 파악경로 : 기업 홈페이지, DART^{전자공시시스템}, 뉴스/기사,
  재직자/퇴직자, 헤드헌터

02. 1차 면접 제대로 준비하기
- 핵심질문 : 담당업무와 주요성과, 이직 사유와 지원동기,
  기여할 부분과 포부
- 진행시간 : 30~40분
- 진행순서 : 자기소개, 질문 <small>경력, 담당업무, 이직 사유, 지원동기, 강약점, 포부, 꼬리 질문</small>,
  현 조직과 포지션에 대한 상황 공유, 마무리
- 면접비결 : 질문의 요지 파악 후 적절하게 답변,
  예상질문과 답변을 미리 만들어서 연습,
  키워드 중심으로 기억
- 면접방식 : 대면 면접 또는 화상 면접

03. 최종면접 철저하게 준비하기
- 파악할 4가지 : 회사의 사업 방향, 조직의 운영 방향,
  나만의 강점, 담당 임원의 성향

01	회사 낱낱이 파헤쳐 보기
02	1차 면접 제대로 준비하기
03	최종면접 철저하게 준비하기

야, 너도 다른 회사에 갈 수 있어

6장.

레퍼런스 체크가 은근히 걱정되네

| 01 | 레퍼런스 체크 프로세스 |
| 02 | 평판 관리 잘하는 방법 |

● ● ● 입력 중

채용 프로세스에서 후보자가 부담을 느끼는 단계 중 하나가 레퍼런스 체크, 즉 평판 조회다. 지인을 통해서 나에 대한 평판을 조사한다는 것이 기분 좋은 일은 아닐 뿐만 아니라 혹시 안 좋은 얘기가 나오지는 않을까 걱정이 되기 때문이다. 하지만 우리를 뽑는 기업의 입장에서 한 번 생각해보자. 기업은 단 몇 장의 서류와 몇십 분의 면접만으로 후보자를 파악한다. 그러다 보니 문제가 있는 사람을 가려내는 것은 사실상 어렵다. 더구나 입사한 후에는 훨씬 돌이키기 어려워진다. 따라서 레퍼런스 체크는 기업이 인재를 채용하기 전 검증하기 위한 최소한의 안전장치인 것이다. 여기에 최근 개인의 평판, 인성, 팀워크가 더욱 강조되면서 레퍼런스 체크는 점점 더 중요해질 것으로 보인다.

01. 레퍼런스 체크 프로세스

1. 진행 대상

이 논리라면 원칙적으로 모든 후보자를 대상으로 레퍼런스 체크를 진행하는 것이 맞다. 하지만 실제로는 주로 헤드헌터나 채용플랫폼을 통해 지원한 후보자를 대상으로 진행한다. 여기에는 현실적인 이유도 있는데 전문업체를 통해 레퍼런스 체크를 진행하면 비용이 꽤 비싸고, 시간도 오래 걸리기 때문이다. 보통 인당 100만 원 정도가 들고 결과를 받으려면 일주일이 소요된다. 따라서 꼭 필요하다고 판단되는 경우에만 진행하는 회사들이 많으며, 특히 경영진에서 지시했거나 현업에서 평판 조회를 요청한 후보자를 대상으로 진행한다.

하지만 최근에는 기술과 플랫폼의 발전으로 여러 제약이 극복되면서 모든 후보자를 대상으로 진행하는 회사들이 많아지고 있다. 레퍼런스 체크 전문기업인 위크루트는 온라인 자동화 솔루션인 체커 오토를 도입했다. 사람이 일일이 전화해서 평판을 물어보는 것이 아니라 AI가 후보자에게 레퍼리[1]를 지정하도록 안내한다. 그러면 안내를 받은 레퍼리가 질문에 대해 직접 내용을 작성한다. 작성이 완료되면 AI가 2~3일 내로 리포트를 만들어서 채용담당자에게 발송한다. 이를 통해 비용과 시간이 대폭 축소되고 정확도는 오히려 증가됐다.

2. 진행 시점

사실 기업 입장에서는 레퍼런스 체크를 최종면접 전에 진행하는 것이 맞다. 채용을 결정하기 위한 마지막 단계인 만큼 사전에 평판을 알고 있어야 올바른 의사결정을 내릴 수 있고, 번복할 일도 없기 때문이다. 그러나 실제로는 최종면접이 끝나고 나서 연봉협상을 하기 전에 레퍼런스 체크를 진행한다. 왜냐하면, 아직 합격도 하지 않은 시점에 후보자에 대한 평판을 조사하다가 혹시나 현 직장에 소문이 나면 후보자와 기업이 난감해질 수 있기 때문이다. 또한, 최종면접 전에 진행하면 대상자가 너무 많아서 비용과 시간이 과도하게 소요된다.

하지만 자동화 솔루션이 도입되면서 최종면접 전에 레퍼런스 체크

---

1 레퍼리 : 평판조회 추천인으로 후보자에 대한 평판을 솔직하게 전달해주는 사람을 말한다.
　　통상 전 직장 동료와 상사, 부하 등이 레퍼리로 지정된다.

를 진행하는 기업들이 늘고 있다. 이것이 가능한 이유는 다음과 같다. 첫째, 사전에 동의서를 받아 지정한 레퍼리를 대상으로만 진행하기 때문에 후보자에게 부담이 적다. 둘째, 지정된 레퍼리는 직접 내용을 작성하기 때문에 책임감을 느껴서 소문낼 여지가 줄었다. 셋째, 비용이 인당 10만 원으로 훨씬 저렴하고 소요기간도 2~3일로 대폭 줄어서 최종면접 전에 진행해도 전혀 부담 없다. 이러한 변화는 앞으로 이직 시장에서 적지 않은 영향을 줄 것으로 예상하며, 평판 관리는 이직자들에게 점점 더 중요해질 것이다.

3. 진행방식

레퍼런스 체크는 크게 2가지 방식으로 진행된다. 전문업체를 통해서 하거나 채용담당자가 직접 하는 것이다. 먼저 전문업체를 통한 방식은 후보자의 동의를 받아서 다수의 레퍼리를 대상으로 진행한다. 이 중 일부는 후보자가 지정하고, 일부는 비지정으로 진행한다. 비지정 레퍼리는 전문업체가 지정 레퍼리에게 물어봐서 알아내거나 전 직장 동료 중에서 선정한다. 레퍼리에게는 후보자의 업무 역량부터 대인관계, 성품 등 전반적인 부분까지 전반적으로 확인한다. 이를 파악하기 위해서 아래의 사항들을 물어본다.

1) 후보자의 경력
2) 회사별 담당업무 및 성과
3) 강·약점 및 성품, 조직융화 : 강점(핵심역량 및 전문성),
   약점(보완점 및 성향의 특징), 성품/조직융화(인성, 리더십, 소통능력)

4) 이직 사유

5) 전반적인 평판

<레퍼런스 체크 질문지 샘플>

General Information	후보자와 어떤 관계인가? 어떻게 아는가? 같이 일할 때 후보자는 어떤 일을 했는가?
Job/ Performance	성과(아웃풋)에 대하여 어떻게 평가하는가? 얼마나 생산적인가? 후보자의 강점은? 후보자의 약점(개선점)은? 동급대비 성과는 어땠는가? 후보자의 동기요인은 무엇이었는가?
People/ Relations	커뮤니케이션 스타일은? 리더십 및 관리 스타일은? 다른 사람은 후보자를 어떻게 평가했는가?
Growth	성장을 위해 개선 또는 발전해야 할 부분은? 미래의 직장 상사가 멘토링 또는 코칭해야 할 부분은?
Closing Probing	왜 이직을 하려고 하는가? 왜 직무가 변동되었는가? 만약에 채용담당자라면 재고용하겠는가? 후보자가 원했다면 회사에 계속 남을 수 있는 상황이었는가? 마지막으로 코멘트하고 싶은 내용이 있는가?

출처: 위크루트

이렇게 질의응답을 통해 작성된 레퍼런스 체크 결과는 공식적인 리포트 형태로 보고되며, 결과 리포트에는 정량적인 내용과 정성적인 내용이 모두 표현된다. 먼저 정량적인 내용은 후보자가 자신을 평가한 점수와 레퍼리들이 후보자를 평가한 점수다. 역량별로 평가한 점수는 방사형 그래프로 표현되는데, 이를 통해 후보자의 주관적인 수준과 객관적인 수준을 한눈에 파악할 수 있다. 또한, 전체적인 점수들을 종합하여 총점이나 등급이 매겨진다. 정성적인 내용은 각 질문에 대해 레퍼리들이 말하거나 작성한 내용이며, 전문업체가 한 번 검수를 한 뒤 특별한 문제가 없으면 그대로 기재된다.

<레퍼런스 체크 리포트 샘플>

리포트는 가장 먼저 채용담당자에게 보고된다. 다음으로 인사팀이 내부적으로 검토한 후에 현업의 사업부장과 팀장에게 보고한다. 그러면 현업에서 다음 채용절차를 진행할 것인지, 아니면 여기서 중단할지에 대해 의견을 준다. 만약 평판이 기대만큼 좋고 결격사유가 없다면 대부분 다음 단계로 넘어간다. 하지만 경력, 학력 허위기재 등 명백하게 부적절한 사유가 있거나 치명적인 약점이 드러나면 채용을 취소할 수 있다.

다음으로 채용담당자가 직접 하는 방식은 3가지다. ① 직접 지정된 레퍼리에게 물어보기, ② 같은 회사 출신 임직원에게 물어보기, ③ 전 직장 인사팀 담당자에게 물어보기다. 먼저 직접 지정된 레퍼리에게 물어보는 방식이다. 면접 전에 평판 조회 동의서와 레퍼리 정보를 받고, 면접이 끝나면 기재된 연락처를 통해 후보자의 평판에 대해 자세히 물어본다. 하지만 이 방식을 채택하는 회사는 많지 않다. 아무래도 민감한 사항이다 보니 마찰이 생길 수도 있고, 일일이 리포트로 만드는 것이 번거롭고 부담스럽기 때문이다.

같은 회사 출신 임직원에게 물어보기는 최종면접 전에 실시하기도 한다. 인사팀은 임직원들의 출신 회사를 조회할 수 있기 때문에 후보자와 근무기간이 겹치는 사람을 찾아서 자세히 물어본다. 내부 인원을 활용하기 때문에 업체보다도 더 실질적인 이야기를 들을 수 있고, 후보자의 현 직장에도 소문날 가능성이 비교적 작다. 하지만 이는 같은 회사 출신 임직원이 없다면 활용이 다소 제한적인 방식이다.

전 직장 인사팀 담당자에게 물어보기는 현 직장 인사팀에는 확인할
수 없으니 후보자가 이전에 근무했던 회사의 인사팀에 지인이 있다면
평판을 물어보는 것이다. 실무를 같이 해보지 않았다면 업무적인 부
분에서는 덜 구체적일 수 있겠지만 인사담당자의 시각이다 보니 적어
도 그 회사와 조직에서 후보자를 어떻게 평가했는지 알 수 있다. 그러
나 이는 채용담당자가 외부에 인적 네트워크를 가지고 있어야만 활용
가능하므로 제한적인 방식이다.

\<레퍼런스 체크 요약\>

구분	전문업체가 진행 (자동화솔루션 활용)	전문업체가 진행 (업체담당자가 직접 파악)	채용담당자가 직접 진행
진행 대상	• 최종면접 예정된 후보자 전원	• 최종면접 합격한 후보자 중 경영진이나 현업에서 요청한 인원 • 주로 헤드헌터나 공개채용 통한 지원자 위주 (지인 추천은 생략)	
진행 시점	• 최종면접 전 실시 (후보자 사전 동의 후 진행) • 전체기간 2~3일 소요	• 최종면접 결과발표 후 연봉협상 전 실시 (후보자 동의 후 진행) • 전체기간 5~7일 소요	
진행 방식	• 지정 레퍼리 3~4명 대상 • 레퍼리가 직접 내용 입력	• 지정 2명, 비지정 2명 대상 • 업체담당자가 통화내용 정리	• 직접 지정된 레퍼리에 문의 • 같은 회사 출신 임직원 문의 • 전 직장 인사팀 담당자 문의
결과 활용	• AI가 채용담당자에 결과 보고 • 현업 공유 시 진행여부 회신	• 업체담당자가 기업에 보고 • 현업 공유 시 진행 여부 회신	• 채용담당자가 현업에 보고 • 현업 공유 시 채용 결정 참고

02. 평판 관리 잘하는 방법

평판 관리를 잘하는 방법은 사실 간단하다. 일을 잘하고 관계 관리를 잘하면 되는 것이다. 먼저 일을 잘한다는 것은 무엇일까? 첫째, 성과를 많이 내는 것이다. 특히 보여주기식 성과가 아니라 누가 봐도 끄덕일 수 있도록 뛰어난 결과물을 만들어야 한다. 그러려면 당신의 가장 뛰어난 성과 3가지가 무엇인지 물어봤을 때 바로 대답할 수 있도록 노력하자. 둘째, 담당 분야와 업무에 대한 전문성을 갖춘 것이다. 구체적으로 말하자면 대체 불가한 지식이나 관계를 가지고 있거나 차별화된 강점을 보유하고 있어야 한다. 셋째, 일에 대해 나만의 철학을 가지고 있어야 한다. 단순히 상사가 시켜서 그대로 하는 것이 아니라 스스로 생각하고 본인의 논리와 근거, 가치관을 녹여서 끌고 갈 수 있어야 한다. 주변 동료와 부하들은 그러한 모습을 다 보고 있고 우리를 평가한다.

다음으로 관계 관리를 잘한다는 것은 무엇일까? 첫째, 상대를 높여주는 것이다. 좋은 결과가 있을 때는 겸손하게 상대의 공으로 돌려야 한다. 여기서 상대는 상사, 후배, 유관부서 동료일 수도 있다. 대화할 때는 상대의 이야기를 경청하고 공감하며 강점을 인정해야 한다. 둘째, 적을 두지 않는 것이다. 그러기 위해서는 남을 험담하지 말아야 한다. 험담은 중독성이 있고 쾌감이 있어서 하다 보면 점점 더하게 된다. 이때 상대방도 공감해주는 것 같지만 한편으로는 이 사람이 다른 곳에서는 나를 험담할 수도 있겠다는 생각을 한다. 누구라도 단점은 있기 마련이니 장점을 보기 위해서 최대한 노력해보자. 셋째, 확실하게 믿을 수 있는 사람을 주변에 두는 것이다. 사람은 항상 등잔 밑이 어두우므로 입이 가벼운 사람과는 거리를 두고 신뢰가 두텁고 입이 무거운 사람들과 어울리는 것이 좋다.

한 가지만 더 강조하자면, 떠날 때는 좋은 모습으로 마무리하는 것이 중요하다. 사람들은 누군가를 떠올릴 때 그 사람이 어떤 일을 했는지는 잘 기억하지 못하고 그에 대한 이미지와 느낌만 기억한다. 따라서 평소에 일을 아무리 잘했더라도 마지막에 일이나 관계에 있어서 마무리를 잘 못한다면 평판이 안 좋아질 것이다. 억울한 일이 생기지 않도록 끝까지 최선을 다하자. 물론 평판은 하루아침에 쌓이는 것이 아니다. 따라서 평소에 항상 신경 쓰고 노력하는 것이 평판 관리를 잘하는 진정한 지름길이다.

야, 너도 다른 회사에 갈 수 있어

7장.

연봉협상
진짜 잘하고 싶다!

01	연봉, 최대한 많이 올리고 싶으세요?
02	연봉협상 이렇게 진행돼요
03	연봉협상의 목표와 전략 정하기
04	현재처우 정확하게 파악하기
05	원하는 희망연봉 제시하기
06	첫 번째 오퍼에 대응하기
07	효과적으로 재협상하기
08	연봉협상 마무리하기
07	연봉협상 시 가장 많이 묻는 질문 10가지

입력 중

01. 연봉, 최대한 많이 올리고 싶으세요?

나는 채용담당자 업무를 하면서 매년 200명 이상의 경력직 후보자들과 연봉협상을 진행한다. 다양한 사람들을 대상으로 협상을 진행하다 보면 사례도 각양각색이다. 협상 지식과 기술이 매우 뛰어난 사람부터 협상 자체를 어려워하는 사람까지 있다 보니 실제 결과도 꽤 차이가 나게 된다. 많은 사람이 조금만 더 알고 있었다면 연봉을 더 높일 수 있었음에도 몰라서 못 하는 경우가 많다.

이렇게 최종면접에 합격해서 연봉협상을 해야 할 때 막상 그 방법에 대해서 제대로 알 방법은 거의 없다. 대부분은 지인에게 조언을 구하거나 혼자서 해 나간다. 시중에 나와 있는 책들은 이직 방법과 프로세스에 관한 내용이 대부분이고, 가장 중요한 연봉협상에 대해서 실질적이고 구체적인 정보를 다룬 책은 거의 없다. 있다고 해도 '이직 시 연봉 30%~40% 높이는 확실한 방법'과 같이 프로 이직러가 얼마를 올려서 갔다는 식의 본인 경험담이 대다수다. 그러므로 어떤 것이 실제로 정확한 정보이고 효과적인 방법인지 장담할 수 없다.

7장에서는 '상대를 알고 나를 알면 백 번 싸워도 위태롭지 않다'라는 말처럼 여러분이 이직할 경우 상대하게 될 채용담당자, 그 채용담당자로서 알고 있는 실질적인 이야기들을 솔직하게 공개한다. 이를 통해 여러분이 원하는 만큼 연봉을 높여서 성공적으로 이직할 수 있기를 바란다.

1. 일단 평소에 최대한 올려놓자

많은 사람이 착각하는 것이 한 가지 있다. 원하는 만큼 연봉을 올릴 기회는 이직할 때만 있다고 생각하는 것이다. 그러나 생각해보자. 현 직장에서 최대한 연봉을 많이 끌어올리고 이직하는 경우와 적당히 올린 상태로 이직하는 경우가 과연 같은 결과값을 만들어낼까? 당연히 전자가 더 만족스러운 연봉을 만들어줄 것이다. 채용담당자는 후보자의 연봉이 총 경력이나 연차 대비 높으면 후보자가 현 직장에서 핵심인재로 인정받고 있다고 생각한다. 그래서 이번 협상이 쉽지 않을 것 같다고 느껴서 시작 전에 마음의 준비를 단단히 하게 된다.

이처럼 현 직장에서 연봉을 끌어올리기 위해서는 평가를 잘 받아야 한다. 물론 직장 내에서의 평가와 보상이 항상 공평하지만은 않다. 여러 가지 변수가 작용하기 때문이다. 예를 들어, 팀 내에 승진대상자가 있는 경우 평가를 몰아주기도 하고, 선배가 후배보다 더 중요한 업무들을 꿰차고 있어서 후배 처지에서 좋은 평가를 받기가 어려운 구조일수도 있다. 또는 윗사람과 성향이 잘 맞지 않아서 사내정치를 잘하는 다른 팀원에게 억울하게 밀리는 경우도 부지기수다. 그렇다고 구더기무서워서 장 못 담글 수는 없지 않은가?

하지만 평가에 대해 이의제기를 하려고 해도 내가 성과를 낸 것도 없이 근거 없는 주장을 할 수는 없는 노릇이다. 따라서 당신은 일단 최선을 다해 절대적이든, 상대적이든 뛰어난 결과를 만들어내야 한다. 이렇게 한다고 해서 반드시 좋은 평가를 받을 수 있는 건 아닐 수도 있지만 반대로 이렇게 안 하면 절대로 좋은 평가를 받지 못한다. 그리고 평가 결과는 보상과 연결되어 나의 연봉 인상률을 결정하기 때문에 매우 중요하다.

그리고 솔직히 말하자면, 첫 직장에서의 연봉이 향후 연봉협상에서 계속해서 영향을 주는 것이 사실이다. 하지만 너무 실망하거나 낙담할 필요는 없다. 더 중요한 것은 현 직장에서 평가를 좋게 받아서 연봉을 최대한 끌어올리는 것이다. 아울러 다양한 경험을 통해서 직무에 대한 내공을 키워야 한다. 준비된 자만이 시장에서 실력을 인정받아 몸값을 원하는 대로 올리면서 성공적인 이직을 할 수 있기 때문이다.

2. 그럼 당신은 얼마나 기여할 건가요?

"우리 회사와 조직에 오셔서 구체적으로 어떻게, 얼마나 기여하실 건가요?" 이는 우리의 상사가 될 분들이 가장 궁금해하는 부분이기도 하다. 기업과 리더 관점에서 새로운 임직원은 중요한 인적자원이기도 하지만 인건비이기도 하다. 사업에 있어 인건비 비중이 너무 높아지면 그만큼 이익이 낮아지기 때문에 후보자의 연봉이 높아질수록 부담스러울 수밖에 없다. 따라서 당신이 원하는 만큼 높은 연봉을 받고 싶다면 면접 간에 충분히 보여주고 어필해야 한다. 나에게 그만큼을 주고도 아깝지 않을 만큼 많은 기여를 할 수 있다고 말이다.

만약 당신이라면 자신을 얼마에 고용할 것인가? 내가 사장이라고 생각하면 한층 간단해진다. 이를 결정하기 위해서는 후보자가 조직 내에서 어떤 역할을 하고, 얼만큼의 성과를 내야 할지에 대해 생각해볼 것이다. 물론 현재연봉과 희망연봉 수준도 함께 고려할 것이다. 꼭 필요한 인재라고 판단되면 현재연봉보다 높게는 물론이고, 최대한 희망연봉에 가깝거나 그 이상으로 모셔올 것이다. 반면에 그 정도 인력이 아니라고 판단되면 뽑지 않거나 뽑더라도 최대한 낮은 연봉으로, 가성비 좋게 데려오려고 할 것이다.

채용담당자 입장에서도 똑같다. 제안연봉을 산정하기 위해서는 포지션의 채용공고와 JD, 면접평가결과와 코멘트, 현재연봉과 희망연봉을 종합적으로 고려한다. 중요한 포지션이나 핵심인력일 때 원하는 수준에 맞춰주려고 할 것이고, 별로 중요하지 않은 포지션이거나 애매한 인력이라면 내부기준에 의한 적정수준의 상향, 수평 이동, 슬라이딩으로 제시한다.

3. 협상 전에 제대로 알고 시작해야 하는 이유

전통시장에서 흥정해본 경험이 한 번쯤 있을 것이다. 같은 물건을 사더라도 어떤 사람은 판매자가 제시한 금액 그대로 구매하고, 어떤 사람은 그보다 낮은 금액으로 더 좋은 물건을 사기도 한다. 이러한 결과는 정보와 협상기술의 차이 때문에 발생한다. 협상을 잘 하는 사람은 정보가 많고 다양하다. "저 가게에서는 얼마에 불렀는데 여기에서는 왜 이렇게 비싸냐.", "인터넷에서 사면 이 가격에도 구매할 수 있는 물건인데 더 깎아달라." 등 판매자보다 많이 알고 있거나 판매자가 모르는 정보를 가지고 우위에 서서 협상을 주도한다. 또한, 밀고 당기는 협상기술을 갖추고 있다. "같은 종류여도 이 물건은 이런 하자가 있으니 더 깎아줘야 한다.", 거의 살 것처럼 해놓고 "조금만 더 둘러보고 오겠다." 등 판매자의 심리를 꿰뚫고 쥐락펴락하면서 원하는 가격에 만족스럽게 물건을 구매한다.

연봉협상도 이와 같다. 다만 주체와 입장만 다를 뿐이다. 전통시장에서는 고객이 구매자고, 상인이 판매자다. 고객은 최대한 싸고 가성비 좋게 사려고 하고, 상인은 최대한 비싸고 정가 이상으로 팔려고 한다. 하지만 연봉협상에서는 기업이 구매자이고, 후보자는 나라는 인적 자산을 기업에 판매하는 판매자이다. 기업은 최대한 낮게, 가성비 좋게 모셔오려고 하고, 후보자는 최대한 높게, 현재연봉 이상으로 입사하려고 한다. 결국, 누가 정보와 협상기술을 더 갖추고 있느냐가 연봉협상을 원하는 방향으로 끌고 갈 수 있는지를 결정한다. 상대방보다 잘 모르고 시작하면 원하는 결과를 만들기 어려워진다. 그러므로 연봉협상을 하려면 제대로 알고 시작해야 한다. 이제부터 연봉협상은 무엇을 어떤 방식으로 협상하는지, 누구와 협상하는지, 어떤 프로세스와 원칙으로 진행되는지 본격적으로 알아보자.

02. 연봉협상 이렇게 진행돼요

1. 무엇을 어떤 방식으로 협상할까?
연봉협상이 구체적으로 무엇을 협상하는 것인지 살펴보자. 크게는 직위와 연봉에 대해서 협상한다. 먼저 직위란 일반적으로 많이 쓰는 사원/대리/과장/차장/부장 같은 회사 내 직급 및 호칭을 말하는데 후보자의 총 경력 기간을 근거로 지원한 회사의 기준에 따라 산정한다. 요즘은 직위를 3단계로 축소하거나 매니저/프로/님 등으로 통합하는 회사도 많지만, 여전히 많은 회사에서는 사원~부장 직위를 쓰고 있다. 또한, 직위 내 연차도 이때 정해지는데, 이에 따라 연봉 테이블이 달라지고 추후 승진 시점도 결정되기 때문에 제대로 책정되었는지 채용담당자를 통해서 반드시 확인해볼 필요가 있다. 지원한 회사의 직위 체계가 현 직장과 다를 수 있으므로 너무 무리하게 요구하지는 말고, 가급적 내부기준을 존중하는 것이 좋다.

다음으로 연봉을 협상하는데 엄밀히 말하면 고정연봉을 협상한다고 보면 된다. 우리가 회사에서 받는 전체 급여를 총 보상Total Compensation 이라고 하는데, 총 보상은 고정연봉과 변동급여로 이루어져 있다.

총 보상(Total Compensation) = 회사에서 받는 전체 급여
= 고정연봉 + 변동급여

고정연봉은 매월 동일하게 지급되는 급여를 말하는데, 이는 계약연봉과 기타 고정수당으로 구성된다.

> ## 고정연봉 = 매월 동일하게 지급되는 급여
> ### = 계약연봉 + 기타 고정수당

이 중에서 계약연봉은 우리가 일반적으로 말하는 연봉계약서상에 표기된 연봉을 말하며, 세부 구성항목은 기본급+OT수당+식대 등으로 구성되며 회사마다 조금씩 차이가 있다. 기타 고정수당은 직책수당/보전수당/차량유지비/통신비 등 회사마다 다르며 없을 수도 있다.

> ## 계약연봉 = 연봉계약서상에 표기된 연봉
> ### = 기본급[1] + OT수당[2] + 식대[3] 등 (회사마다 상이)

> ## 기타 고정수당 = 계약연봉 외 매월 고정적으로 지급되는 수당
> ### = 직책수당[4]/보전수당[5]/교통비/통신비 등 (회사마다 상이[6])

---

1 기본급 : 월급 가운데 수당을 제외한 기본 급여

2 OT(Over Time) 수당 : 시간외수당(포괄임금제인 경우에만 약정된 시간만큼 지급되어 고정연봉에 해당)

3 식대 : 식비 보조를 위해 지급 (보통 월 10만 원~20만 원이며, 미지급하는 회사도 있음)

4 직책수당 : 팀장, 사업부장 등 직책에 따라 별도로 지급하는 수당

5 보전수당 : 경력직 입사 시 급여차액이 발생하여 지급하는 조정수당

6 명절상여는 매년 동일하게 지급되기 때문에 고정연봉으로 볼 수 있고, 계약연봉에 포함하는 회사도 있음. 전 직원에게 복리후생 성격으로 동일하게 제공되는 현금성 처우는 기타 고정수당 산정 시 제외되기도 함

한편 변동급여는 성과에 따라 매월 또는 매년 달라질 수 있는 성격의 급여를 말하며, 대표적으로 성과급/인센티브/PS/PI/사이닝보너스/리텐션보너스 등이 있다. 이는 회사의 제도마다 다른 형태로 운영되고 있으며 개인별/조직별 성과에 따라 지급되는 금액이 달라진다. 코로나19 같은 경제적 변수에 따라 회사의 성과와 매출, 이익이 좋지 않으면 아예 없을 수도 있고, 반대로 특수를 누리면 전년 대비 많은 변동급여를 받게 될 수도 있다.

변동급여 = 성과에 따라 매월 또는 매년 달라질 수 있는 성격의 급여
= 성과급[1]/인센티브[2]/PS[3]/PI[4]/사이닝보너스[5]/리텐션보너스[6] 등

앞의 내용을 정리하면 다음과 같다.

1 성과급 : 분기, 상하반기, 연간 등 정해진 기간에 회사/조직의 성과에 따라 지급
2 인센티브 : 매월 발생한 영업수당 및 매출에 따라서 지급
3 PS(Profit Sharing) : 초과이익분배금으로 연봉의 최대 50%까지 연 1회 지급
4 PI(Productivity Incentive) : 생산성 격려금으로 기본급의 최대 150%까지 연 2회 지급
5 사이닝보너스(Signing Bonus) : 입사 시 일회성으로 지급
6 리텐션보너스(Retention Bonus) : 핵심인력 입사시키거나 붙잡기 위해 지급

결국, 우리는 연봉협상을 통해서 고정연봉을 협상하는 것이며, 이 중에서도 계약연봉을 중점적으로 협상하게 될 것이다. 물론 상황에 따라 예외적으로 기타 고정수당이나 변동급여 중 리텐션보너스/사이닝보너스를 추가로 협상하기도 한다. 하지만 이는 현재연봉이 연차 대비 매우 높은 편이거나 ^{보전수당}, 직책자 포지션으로 지원했거나 ^{직책수당}, 핵심직무이거나 ^{리텐션보너스} 현 직장의 성과급 금액과 비중이 매우 큰 경우 ^{사이닝보너스}에만 해당하므로 일반적으로는 계약연봉만 협상한다고 보면 된다.

그렇다면 연봉협상은 주로 어떤 방식으로 진행될까? 오프라인으로 직접 만나서 진행할 것으로 생각하겠지만, 예상과는 다르게 온라인으로 이메일을 주고받으면서 진행된다. 최종면접이 끝나면 채용담당자가 이메일로 면접결과를 발표하는데 이때 합격안내와 함께 연봉협상을 위해 필요한 증빙서류들과 이후의 진행 절차에 대해서 안내한다. 이메일 외에도 자세한 설명이 듣고 싶거나 궁금한 점이 있는 경우에는 전화로 질의응답을 하기도 한다.

2. 내가 협상할 상대는 누구일까?

다음으로 우리가 연봉협상 시 상대해야 하는 사람은 누구일까? 바로 채용담당자다. 대부분의 기업은 후보자가 채용담당자와 직접 의사소통하며 처우 협의를 한다. 그런데 사실 채용담당자 외에도 많은 사람이 연관되는데 바로 인사팀장과 인사 임원, 현업 사업부장이다. 채용담당자가 직접 처우를 결정해서 제시하는 회사도 있겠지만 대부분의 회사는 인사조직 내부의 결재를 받고 나서, 현업 사업부장의 합의를 거친 후에 결정된 처우를 제시한다. 다만 직책자 포지션이나 핵심 직무인 경우 대표이사가 직접 의사결정을 하기도 한다.

따라서 당신이 원하는 연봉으로 이직에 성공하려면 이 결정권자들을 설득해야 한다. 과연 어떻게 설득할까? 바로 면접 때 설득하는 것이다. 결정권자들은 대부분 면접관으로 참여하며 철저히 사측에서 생각하는 사람들이다. 면접관들은 당신이 우리 회사와 조직에서 어떤 역할을 하고, 얼마나 기여할 수 있는지를 냉철하게 평가한다. 반대로 생각하면, 이들을 얼마나 잘 설득시켜서 나를 꼭 데려가고 싶어지도록 만드는지에 따라 연봉 인상률이 달라진다.

한편 후보자가 채용담당자와 직접 연봉협상을 진행하지 않고 헤드헌터를 통해서 연봉협상을 진행하는 경우도 있다. 헤드헌터는 후보자와 전략적 파트너 관계이지만 연봉협상에서는 입장이 조금 애매해진다. 먼저 후보자의 연봉 금액을 기준으로 수수료를 받기 때문에 연봉이 최대한 높을수록 좋다. 하지만 결국 입사를 성사시키는 것이 우선이기 때문에 적정 연봉 수준으로 합의되도록 조율할 수밖에 없다. 따라서 기존에 진행했던 사례와 데이터를 근거로 객관적인 방향으로 이끌고 가려고 한다. 반면에 일부 무책임한 헤드헌터들은 확실하지 않은 정보를 가지고 후보자를 설득하기도 한다. 어차피 입사만 시키면 그만이라고 생각하기 때문이다. 그러므로 헤드헌터의 말을 어느 정도 신뢰는 하되 100% 믿지는 말고, 해당 기업의 재직자를 접촉해서 꼭 사실 확인을 해보자.

사실 넓게 보면 후보자와 헤드헌터, 그리고 채용담당자는 공생관계다. 후보자는 적정 연봉으로 좋은 기업에 들어가고 싶고, 헤드헌터는 좋은 후보자를 추천해서 수수료를 받고 싶다. 그리고 채용담당자는 좋은 후보자를 적정한 연봉에 데려오고 싶어 한다. 결국, 서로 필요를 채우기 위해서는 Win-win 전략으로 가야 한다. 그러기 위해서 당신이 할 일은 현재 처우를 정확히 정리해서 보내는 것이다. 채용담당자와 후보자, 그리고 헤드헌터가 모두 처음부터 동일하게 이해한 상태에서 협상을 시작해야 오해나 누락이 없기 때문이다.

3. 기업의 연봉협상 진행 프로세스

연봉협상은 다음과 같은 프로세스로 진행된다.

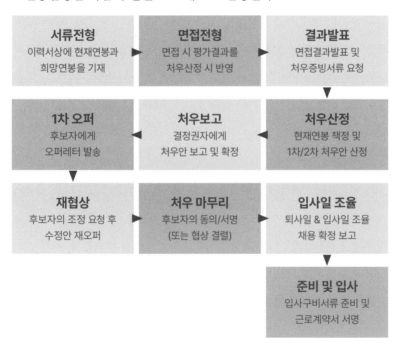

단계별로 연봉협상과 관련된 내용을 정리해보았으니 한 번 살펴보자.

1) 서류전형 : 지원할 때부터 이력서에 현재연봉과 희망연봉을 기재하도록 하는 회사들이 많다. 헤드헌터를 통해 지원하면 헤드헌터가 별도로 물어본 뒤 내용을 전달한다. 이때 제출하는 수준이 연봉협상 시에 영향을 미치기 때문에 신중하게 판단해야 한다. 반면에 어떤 회사는 1차 면접까지 자체 이력서로 진행하다가 최종면접 전에 회사 이력서 양식에 작성하게 하는데 이때 현재연봉과 희망연봉을 기재하기도 한다.

2) 면접 전형 : 면접 평가결과에 따라 연봉을 제시받는 수준이 달라지기도 한다. 면접 중에 처우 관련해서 대놓고 물어보는 면접관도 있으므로 관련해서 미리 생각하고 참석하는 것이 좋다. 면접관이 판단하기에 후보자의 현재연봉과 희망연봉이 성과나 역량 대비, 혹은 조직 내 구성원 대비 과도한 수준이라고 판단되는 경우에는 아예 면접에서 불합격시키거나 다른 후보자로 대안을 마련할 가능성도 있다. 그러니 면접 분위기를 보면서 현명하게 대답하자.

3) 결과발표 : 면접이 끝나고 빠르면 1일 후, 늦으면 1주일 내로 결과가 나온다. 이때부터 본격적으로 연봉협상이 진행된다. 요구하는 증빙서류를 제출하면 1차 오퍼offer 가 오기 전까지 1주일 정도가 소요된다. 서류는 회사마다 조금 다르지만 크게는 연봉 산정을 위한 자료와 직위/연차 산정을 위한 자료다. 기업에서 처우 증빙을 위해 요구하는 서류는 다음과 같다.

<기업에서 처우증빙을 위해 요구하는 서류 예시>

목적	증빙 서류	요구 목적
연봉 산정	(1) 최근 2개년 연봉계약서	정확한 현재 계약연봉, 최근 연봉 인상률 확인을 통해 1차/2차 제안연봉 수준 산정
	(2) 최근 3개년 원천징수영수부	연봉계약서가 별도로 없다면 총 보상을 가늠하기 위해 필요, 연봉계약서가 있다면 실제 지급분과 금액차이 확인용
	(3) 최근 6개월 급여명세서	연봉계약서에 기재되지 않은 별도의 지급 수당이나 소급분이 있는지 확인, 또는 급여인상/삭감된 내역이 있는지 확인
	(4) 최근 2개년 성과급 증빙서류	연도별 지급된 성과급 금액의 변동 폭이 클 수 있으므로 보통 최근 2개년 평균으로 계산하여 총 보상 산정 시 반영
직위/연차 산정	(5) 고용보험자격이력내역서	실제 근무 이력 및 회사별 재직기간 확인을 통해 총 경력 계산 후 자사 기준에 따라 직위/연차 산정

4) 처우 산정 : 후보자가 처우 증빙서류들을 모두 제출하면 채용담당자는 이를 근거로 현재연봉을 재차 점검한다. (1)~(3)번 서류로 고정연봉을 계산하며, (4)번 서류로 성과급 등 변동급여를 계산한다. 이렇게 고정연봉과 변동급여가 계산되면 현 직장에서 받는 총 보상 수준이 얼마인지 알 수 있다. 다음으로 (5)번 서류로 총 경력을 계산하고, 내부기준에 맞춰 직위/연차를 산정한다. 이를 기준으로 동일한 직위/연차를 가진 내부직원들의 연봉 수준과 후보자의 현재연봉을 비교한다. 평균수준 대비 과도하게 높거나 낮은 인원이 입사할 경우 내부 형평성과 조직관리 차원에서 문제가 발생할 여지가 있기 때문이다. 물론 꼭 모셔와야 하는 인력이나 핵심직무인

경우 이를 벗어난 파격 제안을 하기도 한다.

이제 처우안을 산정할 차례다. 채용담당자는 후보자의 현재연봉, 희망연봉, 조직 내 수준을 종합적으로 고려하여 적정한 처우안을 1안과 2안까지 산정한다. 회사 내 처우 산정에 대한 전략과 원칙이 있으므로 합리적인 선에서 현업의 사업부장과 인사팀장에게 보고한다. 경영진의 인재채용 방침이나 조직문화에 따라 될 수 있는 대로 낮은 연봉으로 입사시키려는 회사도 있겠지만 대부분은 인재를 영입하기 위해 더 매력적인 연봉을 제시하려고 노력한다.

5) 처우 보고 : 채용담당자가 처우안을 보고할 때는 그에 합당한 근거를 가지고 보고한다. 너무 높은 수준이면 인건비 부담과 내부 형평성 이슈가 발생하고, 반대로 너무 낮은 수준을 제안할 경우 최종면접까지 어렵게 합격한 인재를 놓치기 때문에 누가 봐도 이 정도면 입사할 것 같다고 판단되는 수준을 논리 정연하게 설명해서 결정권자의 합의를 끌어낸다. 보통 결정권자들은 숙련된 채용담당자의 의견에 크게 이견 없이 동의하며, 일단 1차 안으로 제시한 후 특별한 이슈가 발생하게 되면 다시 의사결정을 받는 프로세스를 거친다.

6) 1차 오퍼 : 결정된 처우 수준에 대해서 채용담당자는 지정된 양식에 맞춰 오퍼 레터를 만든 후 후보자에게 보내는데 보통 PDF로 된 첨부파일을 이메일로 발송한다. 혹은 이메일 본문에 처우 내용을 작성해서 보내는 예도 있다. 후보자가 기대 반 걱정 반으로 오퍼 레터를 조심스럽게 열어보면

한 번에 만족스러운 처우를 제안받을 수도 있고, 전혀 기대에 못 미치는 처우를 받을 수도 있다. 그렇다고 너무 실망하지는 말자. 대부분의 연봉협상은 한 번에 끝나지 않기 때문에 채용담당자는 2차 안을 가지고 있을 것이다.

7) 재협상 : 2차 안이 있다고 할지라도 그 금액이 희망연봉 수준까지는 아닐 가능성이 크다. 따라서 우리가 제시한 희망연봉과의 격차를 최대한 메우기 위해서는 그에 걸맞은 합당한 근거가 있어야 한다. 채용담당자가 기존의 2차 안 이상으로 재보고하여 확답을 받으려면 합리적인 논리가 있어야 하기 때문이다. 희망연봉 수준을 반드시 받고 말 것이라는 욕심이 앞서서 말도 안 되는 억지 논리를 펼치게 되면 역효과가 날 수도 있으므로 신중하게 판단해봐야 한다.

8) 처우 마무리 : 수정된 처우 수준으로 최종 오퍼를 받았다면 결국 둘 중하나를 선택해야 한다. 처우에 동의하여 서명하거나 희망수준 격차를 메우지 못하고 협상이 결렬되는 것이다. 후자일 때 후보자가 포기하는 경우가 더 일반적이지만 희망 처우 수준이 너무 과하다고 판단되면 회사에서 먼저 진행이 어렵다고 고사할 수도 있다. 후보자는 여러 단계를 거쳐 어렵게 최종 문턱에 왔는데 약간의 차이 때문에 포기하는 것이 아쉽고, 기업은 다 잡은 물고기를 놓치기 아깝다. 그러니 서로 조금씩은 양보해서 좋게 마무리하는 것이 어떨까?

9) 입사일 조율 : 처우가 마무리되면 이제 마지막으로 입사일을 조율하는 단계가 남았다. 하지만 그 전에 현 직장에서의 퇴직일을 정하는 것이 순

서다. 보내는 처지에서는 최대한 늦게 가기를 바라지만 나가는 입장에서는 될 수 있는 대로 빨리 정리하고 싶다. 퇴직일이 정해졌다면 이제 입사일을 정해야 한다. 받는 처지에서는 가능한 한 빨리 합류하기를 바라지만 들어가는 처지에서는 쉬는 시간을 갖고 시작하고 싶을 것이다. 하지만 입사 후에 원활하게 적응하고 싶다면 고집만 부리지 말고 양쪽 입장을 고려하여 조율하자. 입사일이 정해지면 채용담당자는 후보자의 채용이 확정되었다는 사실을 현업 사업부장과 팀장, 인사팀장에게 보고한다.

10) 준비 및 입사 : 이제 모든 절차가 끝나고 입사만을 앞두고 있다. 입사 전 채용담당자가 입사구비서류를 안내해줄 것이다. 회사마다 차이가 있지만 보통 다음의 서류들이 필요하다.

<입사구비서류 예시>

목적	제출서류	설명	시점
e-HR 시스템 등록	증명사진(jpg파일)	포털 등록 및 사원증 제작용으로 메일로 제출	입사 1주 전
	반명함판 증명사진 1장	인사팀 보관용으로 실물사진 제출	입사 당일
	신상기록표 1부	안내 시 첨부된 회사 양식에 작성	
	직전회사 경력증명서 1부	퇴직 전 발급이 어렵다면 일단 재직증명서를 제출하고 입사 후 경력증명서를 받아서 제출	
	고용보험자격이력내역서 1부	연봉협상 시 제출했던 서류를 재출력하여 제출	
	최종학교 졸업증명서 1부	모교 홈페이지 내 발급, 보통 유료로 1회 인쇄 (석사는 학사 학위도 제출)	

e-HR 시스템 등록	주민등록등본 1부	주민등록번호 전체 포함 필수	입사 당일
	주민등록초본 1부 (남성 限)	병역정보 포함 필수	
급여 지급	급여통장 사본 1부	은행 제한 없음 (CMA 통장 제외)	

입사 당일에는 약속된 장소에서 만나서 입사구비서류를 제출하고 근로계약서에 서명한다. 이때 근로계약서를 대충 읽고 서명하면 절대 안 된다. 반드시 제안받았던 오퍼레터 내용과 동일한지 확인해야 한다. 고용형태^{정규직/계약직}, 직군, 직위/연차, 근무부서명, 직무명, 연봉 총액, 세부항목별 금액 등이 맞는지 제대로 꼼꼼히 읽어본 후 이상 없으면 서명하자. 계약서는 서명하는 순간부터 효력을 가지므로 이상이 있다면 채용담당자에게 확인 절차를 거친 후에 서명하는 것이 안전하다.

4. 기업의 연봉협상 원칙

이제부터는 기업의 연봉협상 원칙을 살펴보자. 과연 채용담당자와 결정권자들은 어떤 기준과 원칙을 가지고 연봉을 산정하는 것일까? 후보자로서 가장 궁금한 부분일 것이다. 결론부터 말하자면 정답은 없다. 회사마다 원칙이 다르기 때문이다. 하지만 일반적으로는 현재연봉 대비 10%~15% 내에서 인상하는 것을 목표로 한다. 호봉제가 아닌 연봉제로 운영하는 회사는 임직원 개인마다 연봉이 다르다. 따라서 기본적으로 후보자의 현재연봉을 Base로 하여 1차 안은 10% 내, 2차 안을 15% 내에서 인상하는 편이다. 반면 후보자로서는 최대한 많이 받고 싶어서 희망연봉을 조금 과하게 제시하는 경향이 있다. 그러나 될 수 있으면 15% 이상을 넘어서지 않게 희망연봉을 제시하는 것이 무난하게 연봉협상을 마무리할 수 있는 길이다. 하지만 만약 현 직장에 잔류할 경우 그 이상 인상될 것으로 예상한다면 근거를 마련하여 희망연봉을 더 높게 제시할 수도 있다.

물론 단순히 계약연봉만 고려하지는 않는다. 총 보상과 복리후생 관점에서 회사가 제공할 수 있는 장점을 종합적으로 고려하여 제안한다. 하지만 채용담당자가 이 부분에 대해서 충분히 설명하지 않는다면 자칫 오해가 발생할 여지가 있다. 예를 들어, 현 직장이 계약연봉은 그다지 높지 않지만, 성과급이 매우 높다면 후보자는 총 보상 위주로 현재 처우 수준을 생각한다. 즉 회사에서 1년 동안 받는 전체 금액을 본다는 것이다. 기업은 계약연봉을 일정 수준 높여서 제안하면 후보자가 무조건 좋아할 것으로 생각한다. 하지만 지금보다 총 보상이 오히려 줄었다면 후보자는 전혀 매력적인 제안이 아니라고 생각한다.

분명 채용담당자는 통상적으로 지급되는 성과급 수준을 고려하여 총 보상 관점에서 비교한 후 제안했을 것이다. 그래서 후보자가 이직한다면 충분히 장점이 있다고 판단한 것이다. 다만 성과급 예상금액을 구체적으로 언급하는 것이 매우 조심스러울 뿐이다. 변동급여의 특성상 실제 받기 전까지는 예측이 어렵고 예상수준을 미리 언급했다가 더 적게 받을 수도 있기 때문이다. 그러면 자칫 채용담당자가 거짓말을 했다는 비난의 화살이 향할 수 있다. 사실 대부분의 후보자도 이 사실을 알고 있다. 그럼에도 불구하고 후보자는 대략적인 성과급 수준을 알고 싶다. 그것을 알아야만 현 직장과 총 보상을 비교해볼 수 있기 때문이다.

하지만 물어봐도 채용담당자는 말해줄 수 없다고 할 것이다. 그렇다면 어떻게 해야 알아낼 수 있을까? 여기에서 설득이 필요한데 "계약연봉을 인상해주신 부분에 감사하게 생각하지만 현 직장의 성과급 수준이 워낙 높아서 총 보상 관점에서 고민되는 것이 사실이다. 그래서 대략적이나마 성과급 수준을 알고 싶다. 만약 말씀해주시기 어렵다면 기존에 지급되었던 수준이나 성과급 지급에 대한 로직이라도 알려주시면 도움이 될 것 같다."라는 식으로 논리적으로 설득한다면 채용담당자도 아마 조심스럽게 알려줄 것이다.

03. 연봉협상의 목표와 전략 정하기

1. 인상 기준과 목표 설정하기

현재연봉 대비 몇 %를 인상하면 성공적인 이직이라고 할 수 있을까? 여기에 정답은 없다. 개인마다 현재연봉과 희망연봉의 기준이 다르기 때문이다. 일반적인 기준에서 10% 이상 인상했다면 괜찮은 수준이고, 15% 이상 인상했다면 연봉협상을 꽤 잘했다고 할 수 있다. 하지만 단순히 인상률로만 봐서는 안 된다. 연봉 자체가 낮을수록 절대적인 금액이 크게 높아지지 않아도 인상률은 15% 이상 인상될 수 있기 때문이다.

나의 경험상 연봉 5천만 원 이하까지는 인상률이 아닌 금액 기준으로 5백만 원 이상 인상해야 하고, 5천만 원 이상은 인상률 기준으로 10% 이상 올리면 괜찮은 수준이다. 하지만 현재 직장에서 포기해야 할 것들이 많을수록 희망연봉이 높아질 테니 인상 기준은 본인의 상황에 따라서 정하는 것이 좋다. 물론 기준을 정할 때는 정량적인 부분만 고려하지 말고 정성적인 부분까지도 함께 생각해봐야 한다. 특히 공채로 입사한 첫 직장에서 이직하는 경우라면 더욱 그렇다. 인적 네트워크와 익숙한 환경을 포기하면서 이직해야 하기 때문이다.

인상 기준을 계약연봉, 고정연봉, 총 보상 중에 무엇으로 볼지도 중요하다. 목표가 무엇을 얼마큼 올리는 것인지에 따라 협상 결과도 달라질 수 있기 때문이다. 예를 들어, 현재 직장의 성과급 비중이 매우 높은 편이라면 다른 회사가 그만큼의 성과급을 주기는 쉽지 않을 것이다. 이런 경우에는 꼭 계약연봉이 아니더라도 기타 고정수당을 통해 고정연봉을 높이는 것을 목표로 해야 한다. 그랬을 때 총 보상이 얼마나 오르는지도 따져보는 것이 좋다.

마지막으로 회사 규모에 따라서도 인상 기준과 목표가 달라진다. 현재 직장보다 큰 회사로 이직한다면 연봉이 기대보다 덜 오르더라도 커리어나 성과급, 복리후생 등 다른 부분에서 확실한 장점이 있다. 그러나 비슷한 회사로 이동하는 경우에는 일반적으로 15% 이상 또는 1,000만 원 이상 올려야 장점이 있다. 만약 더 작은 회사로 이동한다면 여기에 직위나 직책도 한 단계 이상 올려서 가야 한다. 이렇게 다양한 측면을 고려하면서 스스로 인상 기준과 목표를 세워보자.

2. 최적의 전략 수립하기

인상 목표를 정했다면 어떤 전략을 가지고 목표를 달성할 것인지 생각해봐야 한다. 전략은 평시 전략과 협상 전략으로 나뉘는데 협상 전략은 다음 장부터 자세히 다루기 때문에 여기서는 평시 전략 위주로 설명하겠다.

우선 앞서 언급한 것처럼 현재 직장에서 평가를 잘 받아서 연봉을 최대한 끌어올려야 한다. 다음으로 될 수 있는 대로 직위와 연차가 낮을 때 이직을 시도하는 것이 좋다. 기업에서 과장부터는 무겁다고 생각해서 채용하는 것에 부담을 느낀다. 물론 여러 번 이직해본 과장이라면 다양한 경험이 있고 금방 적응할 수 있어서 괜찮다고 생각하기도 한다. 그런데 처음 이직하는 과장이라면 그렇지 않기 때문에 망설여지는 것이다. 따라서 한 회사에 계속 다닐 것이라면 괜찮지만 이직할 생각이 있다면 되도록 사원, 대리 때 시도할 것을 추천한다. 마지막으로 현재 직장의 인사제도와 시행시기를 정확하게 알고 있어야 한다. 구체적으로 평가, 승진, 연봉인상, 성과급 지급이 몇 월 며칠에 이뤄지는지를 알아야 한다. 그래야 이직을 언제 시도하는 것이 가장 적절한 시기인지 판단할 수 있다.

종합해보면 가장 좋은 전략은 이렇다. 평가를 지속해서 잘 받아서 연봉을 계속 올리다가 대리로 승진한다. 그러면 연봉 조정에 승진가급까지 더해져서 연봉이 크게 인상될 것이다. 여기에 성과급까지 받고 나서 퇴사할 수 있는 시점을 역산하자. 그때 이직을 시도하는 것이 몸값을 최대한 끌어올릴 수 있다. 물론 당신은 이미 직위가 높거나 좋은 시기를 놓쳤을 수도 있다. 하지만 모든 것을 충족시키면서 완벽한 조건으로 이직하는 것은 매우 어려운 일이다. 따라서 욕심을 조금만 내려놓고 지금 시점에서 가장 좋은 전략이 무엇일지 고민해보자.

04. 현재 처우 정확하게 파악하기

지금부터는 협상 전략을 다루겠다. 첫 단계로 현재 처우를 정확하게 파악하는 방법에 대해 살펴보자.

1. 총 경력 정확하게 계산하는 방법

처음 이직하는 경우라면 총 경력을 계산하는 방법이 매우 간단하다. 그러나 2번 이상 이직했다면 계산이 쉽지 않다. 대략 입사월, 퇴사월을 기억하긴 하지만 기억에 의존하면 틀릴 수 있기 때문이다. 이럴 때 나의 총 경력을 쉽게 계산하는 방법이 있다. 먼저 정확한 근무기간을 파악하기 위해서 제출서류 중 하나인 고용보험 자격이력 내역서가 필요하다.

① 근로복지공단 고용·산재보험 토털 서비스
  (https://total.kcomwel.or.kr/)에 접속
② 개인 서비스 중 '고용·산재보험 자격이력 내역서'를 클릭

③ 개인 → 일반근로자 선택 후 로그인

(주민등록번호 입력 및 공동인증서 필수)

④ 보험구분(고용), 조회구분(상용)으로 선택 후 조회

⑤ 자격관리 상세이력 선택 후 고용/산재보험 자격이력 내역서

신청 후 증명원 출력

<고용보험 자격이력 내역서 예시>

내역서를 보면 내가 근무했던 회사들의 입사일^{취득일/전근일}과 퇴사일^상

^{실일}이 표시되는데 이 날짜들을 기준으로 아래 사이트에 접속하여 총

경력을 계산하면 된다. 해당 계산기에는 일자까지 입력하는 기능이 없기 때문에 정확한 총 경력을 산정하기는 어렵다. 만약 일자가 1일 또는 말일이어서 누락되는 텀이 1개월 남짓 된다면 계산된 기간에 더해주거나 빼는 것도 방법이다. 하지만 더 정확하게 계산하고 싶다면 엑셀에서 수식을 통해 계산하자.

① 커리어 성공취업툴 사이트의 경력 계산기에 접속
② 내역서 상에 나와있는 입사년월 / 퇴사년월을 순서대로 입력
  (경력이 여러 개인 경우 '+추가' 버튼을 클릭 후 입력)
③ 입력 완료 후 아래 '변환하기' 버튼을 클릭하면
  총 경력이 자동으로 계산

<경력 계산기를 이용하여 총 경력을 계산한 결과 예시>

경력 계산기 커리어 경력 계산기로 회원님의 총 경력을 쉽게 산출하실 수 있습니다.

재직기간 입력

2022.01	-	2022.06	경력기간 추가
2014.01	-	2017.05	경력기간 추가 / 삭제
2013.12	-	2014.01	경력기간 추가 / 삭제

- 재직기간 설정은 오름차순으로만 가능합니다.
- 여러개의 경력을 가지고 계실 경우, 재직기간은 아는대 합산하느라 힘드셨죠?
커리어 총 경력계산기는 재직기간을 입력하면, 그에 대한 총 경력을 합산해주는 프로그램 입니다. 재직기간만 입력하시고 쉽게 총경력을 산출하세요.

[경력 계산하기] [초기화]

총 경력 계산 결과

회원님의 총 경력은 **3년 10개월** 입니다.

총 경력을 알았다면 지원한 회사의 직위/연차 체계, 표준체류년수를 파악하여 예상 직위/연차를 산출해볼 수 있다. 가령 사원 ^{4년} - 대리 ^{4년} - 과장 ^{5년} - 차장 ^{5년} - 부장 ^{5년} 이 기준인 회사가 있다고 하자. 만약 총 경력이 8년 7개월이라고 한다면 현재 9년차이기 때문에 아마 과장 1년차를 제안받을 것이다. 이런 식으로 계산을 해보면 이후에 실제 오퍼를 받았을 때 내가 생각했던 직위/연차와 비슷한지, 차이가 있는지, 차이가 있다면 얼만큼인지 비교해볼 수 있게 된다. 조정이 필요한 경우에는 채용담당자에게 정중히 요청하자.

2. 총 보상 빠짐없이 파악해보기

의외로 많은 사람이 본인이 받는 급여가 얼마인지 정확하게 모른다. 통장에 표시된 입금내역을 통해 대략적인 월급을 알고는 있지만 꼼꼼하게 아는 사람이 생각보다 많지 않다. 급여를 정확하게 알아야 하는 이유는 이직할 때 연봉협상을 위해서만이 아니다. 수입내역을 알아야 지출내역과 저축내역을 파악하는 의미가 있으며, 이를 기반으로 실질적으로 1년 동안 얼마를 모을 수 있는지 추정해볼 수 있다. 또한, 지출을 얼마나 줄이고, 저축을 얼마나 해야 하는지도 리뷰해볼 수 있다. 이렇게 단기적인 계획부터 세워져야 중장기적으로 자산계획, 투자계획, 노후계획을 세워볼 수 있다.

일단 여기서는 연봉협상을 위해 총 보상을 파악해보기로 하자. 방법은 생각보다 간단하다. 앞서 소개한 처우 증빙서류들을 모아서 스스로 파악해보는 것이다. 먼저 원천징수부나 원천징수영수증을 보면 1년간

받는 총 보상이 나와 있다. 하지만 올해 총 보상을 파악하려면 1월~12월이 다 나와 있어야 하는데 원천징수부를 연중에 조회한다면 그러기에는 한계가 있다. 그리고 회사에 따라서 원천징수 상에 급여와 상여가 다소 애매하게 구분되어 표기된 경우도 있고, 여기에 나와 있지 않은 급여나 수당도 있다. 그래서 보통 전년도 마감과 올해 누계 원천징수를 보면서 '내가 1년에 회사에서 이 정도 +α를 받고 있구나 올해는 이 정도를 받겠구나' 정도로 참고만 하면 되겠다.

  연봉을 정확하게 파악하려면 여기서부터가 중요하다. 먼저 고정연봉 중 계약연봉을 파악해보기 위해 연봉계약서를 살펴보자. 연봉계약서에 표시된 금액이 일반적으로 말하는 연봉에 가깝다. 그런데 만약 내가 다니고 있는 회사에 연봉계약서가 별도로 없거나 입사 시에만 작성한다면 e-HR 시스템을 보면 된다. 우리나라 대부분의 회사는 매년 연봉 조정을 할 때 실제로 만나서 일대일로 연봉을 협상하는 것이 아니라 사내기준과 평가등급에 따라서 일괄적으로 인상한다. 따라서 매년 연봉계약을 별도로 하는 경우는 거의 없고, 보통 e-HR 시스템상에 인상된 연봉내역이 표시된다. (혹시 시스템에 퇴직금 추정금액도 표시되어 있다면 꼭 미리 봐두자.)

  다음은 고정연봉 중 기타 고정수당을 파악하기 위해 월별 급여명세서를 살펴보자. 급여명세서에는 원천징수부나 연봉계약서상에 기재되지 않은 수당이 나와 있다. 대표적인 것이 식대이다. 식대는 비과세 항목으로 되어있어서 원천징수부에 따로 표기되지 않는 경우가 많은데,

실제로는 월급에 함께 나가기 때문에 급여명세서에는 표기된다. 이외에도 통신비, 교통비 등 연봉계약서상에는 쓰여 있지 않은데 받는 수당이 또 있다면 꼭 체크해두자.

이제 마지막으로 변동급여를 파악해본다. 성과급이나 인센티브 지급 명세가 e-HR 시스템에 표기되어 있다면 간단하게 알 수 있다. 연도별로 조회해볼 수 있다면 2~3개년 평균을 내보는 것이 좋다. 연봉협상 시 보통 2개년 평균 성과급 금액으로 총 보상을 책정하기 때문이다. 만약 회사에 e-HR 시스템이 따로 없어서 통장에 입금된 내역만 있는 경우에는 그 금액에서 0.84를 나눈다. 그러면 세전 금액을 역산해볼 수 있다.

이렇게 파악된 계약연봉 + 기타 고정수당 + 변동급여를 통해 나의 정확한 총 보상을 파악해볼 수 있다. 여기서 한 단계 나아간다면 가까운 시일 내 혹은 현재 직장에 잔류 시 예상되는 총 보상 변화를 시뮬레이션해보는 것이다. 예를 들어, 곧 승진 심의가 예정되어 있는데 내가 승진하는 것이 확실하다면 승진가급 + 연봉 인상률 등을 더하여 총 보상을 예측해볼 수 있다. 이외에도 연봉인상이나 성과급 지급 시점 등 그때그때 상황에 따라서 미리 생각해본다면 이직 시 연봉협상 단계에서 희망연봉의 근거로 어필할 수 있는 포인트가 된다.

3. 복리후생 꼼꼼하게 따져보기

이번에는 복리후생을 꼼꼼하게 따져보자. 회사를 결정할 때는 복리후생도 중요한 고려요소 중 하나이다. 대출이나 학자금같이 지원금액이 큰 복리후생 제도가 있다면 희망수준보다 연봉이 덜 인상되더라도 오히려 이익일 수도 있기 때문이다. 요즘은 기업들이 MZ세대의 유능한 직원들에게 어필하기 위해 복리후생 제도에 굉장히 많이 신경 쓴다. 워라밸 관련된 제도들부터 자기계발, 나아가 육아 지원까지 임직원들의 삶 전반에 대해 회사가 든든하게 후원하고 있다는 점은 가고 싶은 회사를 정하는 데 있어서 우선순위가 되고 있다.

그렇다면 현재 직장의 복리후생은 과연 어떤 것들이 있을까? 인사담당자 입장에서 보면 참 신기하다. 좋은 복리후생 제도가 있더라도 항상 이용하는 사람들만 이용하기 때문이다. 즉 있어도 못 챙겨 먹는 사람들이 꽤 많다는 것이다. 이유를 살펴보면 주로 몰랐거나 귀찮거나 너무 바빠서 그렇다. 만약 여태까지 복리후생 제도를 못 누렸다면 적어도 연봉협상 시점에는 꼼꼼하게 따져보자. 특히 현금성 복리후생을 위주로 봐야 한다. 그래야 이직했을 때 총 보상과 더불어 이득인지 손해인지 확실하게 저울질해볼 수 있다.

전반적인 복리후생을 체크해보는 가장 쉬운 방법은 사내에 복리후생 제도 관련해서 정리된 자료나 게시판을 참고하는 것이다. 만약 한 번에 정리된 내용이 없다면 게시되는 내용이 있을 때마다 따로 저장해두는 것이 좋다. 아니면 보통은 회사 대표 홈페이지나 채용 홈페이지에 전반적인 복리후생이 잘 정리되어 있다. 구체적인 지원금액 기준이나 조건들이 궁금하면 인사팀의 복리후생 담당자에게 물어보면 된다. 사내외 교육지원 제도가 잘 되어있는 회사라면 이 부분도 체크해보는 것이 좋다.

05. 원하는 희망연봉 제시하기

1. 인파이팅 vs 아웃파이팅

현재 처우가 파악되었다면 채용담당자에게 증빙서류를 회신해야 한다. 그런데 회신하기 전에 해야 할 일이 있다. 바로 인파이팅과 아웃파이팅 중에 어떤 전술을 사용할지 정하는 것이다. 두 가지는 복싱에서 쓰이는 전술로 인파이팅은 저돌적으로 상대에게 파고들어 공격하는 스타일을 말하고, 아웃파이팅은 적당한 거리를 두면서 기회를 노려 카운터를 날리는 스타일을 말한다.

그렇다면 연봉협상에 있어서 인파이팅 전술은 무엇일까? 채용담당자에게 메일을 보낼 때 희망연봉과 그에 관한 주장과 논리, 근거를 모두 어필하는 것을 말한다. 인파이팅 전술은 다음과 같은 장점이 있다. 첫째, 처음부터 하고 싶은 말을 명확하게 할 수 있다. 둘째, 협상을 주도적으로 이끌고 갈 수 있다. 하지만 단점도 있다. 첫째, 내 패를 먼저 보여줌으로써 더 좋은 결과를 만들 수 있었던 것을 놓칠 수 있다. 둘째, 1차 오퍼가 만족스럽지 않으면 대응할 무기가 부족할 수도 있다. 그리고 지원하는 회사가 보수적인 편이라서 연봉 테이블이 정해져 있으면 인파이팅 전술이 크게 의미가 없을 수도 있다.

반면에 아웃파이팅 전술은 어떤 것일까? 일단 처음에는 채용담당자가 요청한 증빙서류만 회신하고, 이후에 1차 오퍼가 오면 그에 맞춰서 적절하게 대응하는 것이다. 아웃파이팅 전술의 장점은 다음과 같다. 첫째, 회사에서 나를 어느 정도로 평가하고 있는지 알 수 있다. 둘째, 비장의 무기를 숨겨놓았다가 꺼낼 수 있다. 반면에 단점은 이렇다. 첫째, 인파이팅과 비교하면 1차 오퍼 받은 연봉에서 극적으로 높이기 어렵다. 둘째, 제대로 대응하지 못하면 회사의 논리와 제안에 그대로 끌려갈 가능성이 크다.

두 가지 중에 어떤 전술을 선택할지는 후보자와 채용담당자 성향, 지원한 회사의 조직문화에 따라 다르다. 여기에 정답은 없으므로 장단점을 잘 따져보고 자신에게 맞는 전술로 신중하게 결정하자.

구분	인파이팅 전술	아웃파이팅 전술
정의	채용담당자에게 메일을 보낼 때 희망연봉과 그에 관한 주장과 논리, 근거를 모두 어필함	채용담당자가 요청한 증빙서류만 회신하고 1차 오퍼에 맞춰서 적절하게 대응함
장점	- 처음부터 하고 싶은 말을 명확하게 할 수 있음 - 협상을 주도적으로 이끌고 갈 수 있음	- 회사에서 나를 어떻게 평가하는지 알 수 있음 - 비장의 무기를 숨겨놓았다가 꺼낼 수 있음
단점	- 패가 노출돼서 더 좋은 기회를 놓칠 수 있음 - 1차 오퍼가 불만족스러울 때 대응할 무기가 부족함	- 1차 오퍼에서 드라마틱하게 높이기 어려움 - 제대로 대응하지 못하면 끌려 다닐 수 있음

2. 적정 희망연봉을 산정하는 방법

인터넷이나 유튜브에서 연봉협상 관련된 글을 찾아보면 가장 많은 질문 중의 하나가 '대체 희망연봉을 어느 정도로 제시해야 하나요?'이다. 이직러들이 그만큼 희망연봉을 중요하게 생각하고, 진지하게 고민한다는 방증이다. 이는 지극히 당연한 결과다. 이직하는 데에는 여러 가지 이유가 있겠지만 가장 큰 이유를 꼽자면 '더 많은 연봉을 받고 싶어서'이다. 그렇다면 희망연봉은 어느 정도로 제시해야 적정할까?

결론부터 말하자면 '최대한 높게' 지르고 봐야 한다. 너무 뻔하고 허무한 답변인가? 하지만 협상의 기본원칙은 일단 이상적인 수준으로 질러보고 점차 조율해 나가는 것이다. 잘 생각해보면 연봉협상은 시장에서 가격 흥정하는 것과 크게 다르지 않다. 기 싸움을 하다 보면 적정하다고 생각되는 지점이 있는데, 거기에서 어느 한쪽이 양보하면서 합의되는 것이다. 반면 합의가 안 되면 협상이 자연스럽게 결렬된다.

채용담당자와 결정권자들은 후보자의 희망연봉 수준이 매우 높으면 일단 긴장을 하게 된다. '근거 있는 자신감인가? 뭔가 믿는 구석이 있는 건가?', '이번에도 역시 쉽지 않겠구나.'라고 생각하기 때문이다. 따라서 1차 처우안의 금액을 원래 생각했던 것보다 약간 상향 조정할수 있다. 반대로 희망연봉이 적정하다고 생각되면 첫 제안을 조금 낮춰서 시작해본다. 물론 이 글을 본다면 희망연봉을 적정수준으로 제시해서 입사한 사람은 억울할 수 있다. 그런데 어쩌겠는가? 사람의 심리가 원래 그렇다.

하지만 명심해야 하는 부분이 있다. '최대한 높게'라는 것이 말도 안 되게 높으면 안 된다는 것이다. 한마디로 정의해보자면 "내가 명확한 근거와 논리를 가지고 상대방을 설득할 수 있는 수준"이다. 당신은 그 수준에서 최대치를 제시해야 한다. 더 구체적으로 풀어보자면 '현재 직장의 총 보상'과 '가까운 시점에 예상되는 인상 수준'까지 고려했을 때, 그리고 이를 다 포기하고 이직해도 '후회가 남지 않는 수준'이 당신의 희망연봉이 되어야 한다.

정리해보면, '현재 직장 잔류 시 예상되는 처우와 비전'과 '이직 시 예상되는 처우와 비전'을 비교해봤을 때 이 정도면 이직할 것 같다는 연봉이 있을 것이다. 단, 이 금액을 어필할 때는 단순히 감이 아니라 숫자와 증빙자료를 통해서 구체적으로 보여줄 수 있어야 한다. 결론적으로 누가 들어도 이해할 만한 합리적인 근거와 논리를 가지고 희망연봉을 제시해야 한다. 그래야 결국 채용담당자와 결정권자를 설득할 수 있다.

아울러 결정권자들의 생각은 어떨지도 고려해야 한다. 지원한 회사와 조직에서 나에 대한 평가와 위상이 어느 정도인지 가늠해보는 것이다. 내부평가라서 정확하게 파악하기는 쉽지 않겠지만 방법은 있다. 먼저 면접 중에 내가 보고 듣고 느낀 것을 곰곰이 생각해보자. 면접관이 나를 대했던 태도와 느낌, 지원한 포지션의 역할과 중요도에 대해 언급됐던 내용, 헤드헌터가 회사에서 피드백을 듣고 내게 해준 말들 등이다. 여기에 인터넷과 지인을 통해 얻은 여러 가지 정보들을 종합해보면 어떤 자세로 접근해야 할지 대략 감을 잡을 수 있다.

3. 반드시 얻어낼 우선순위 정하기

협상에서 모든 것을 얻기는 어렵다. 한쪽만 지나치게 유리하다면 그 건 협상이 아니라 협박 또는 불평등 조약일 수 있기 때문이다. 따라서 서로 win-win할 수 있는 방향으로 결론이 날 수 있도록 전략을 잘 짜야 한다. 그러려면 나만의 우선순위를 정해야 한다. 당신이 다른 것을 포기하더라도 반드시 얻어내고 싶은 것은 무엇인가? 직위일 수도 있고, 연차일 수도 있다. 계약연봉일 수도 있고, 기타 고정수당일 수도 있다. 성과급일 수도 있다. 직책일 수도 있고, 임원 자리일 수도 있다. 적어도 3개는 순서대로 생각해두자.

채용담당자도 똑같은 전략을 쓴다. 후보자에게 제시할 무기들을 사전에 정하고, 우선순위에 근거해서 하나씩 제시하면서 하나를 안 주는 대신 다른 것을 주면서 심리전을 펼친다. 만약 채용담당자가 절대 양보하지 않는 부분이 있다면 그것을 포기하는 대신 우선순위에 따라서 원하는 것을 어필해라. 원칙에서 벗어나거나 지나치게 무리한 요구만 아니라면 상대방도 양보해줄 것이다. 전투에서 질 수는 있어도 전쟁에서 이기면 된다.

4. 어떻게 어필해야 효과적일까?

효과적으로 어필해서 원하는 처우로 이직하는 사례는 크게 두 가지다. '갑질형'과 '논리형'이다. 먼저 갑질형은 후보자가 갑의 위치에 있는 경우인데, 여기에 해당하는 사람은 그렇게 많지 않다. 회사의 입장에서 갑질형에 해당하는 경우는 다음과 같다. 해당 포지션이 사업의 성패에 결정적인 역할을 하는 사업부장, 인재풀이 너무 없어서 구하기 어려운 희소한 포지션, 시장에서 수요는 너무 많은데 공급이 제한되어 있어서 몸값이 치솟고 있는 IT개발자, 다른 회사에도 합격해서 우리 회사와 저울질하고 있는 후보자 정도가 갑질형에 해당한다.

갑질형은 본인에게 주도권이 있다는 것을 알고 있다. 채용담당자가 해당 포지션을 오픈할 때 헤드헌터에게 상황을 설명하면서 이 포지션이 중요하다고 강조하기 때문이다. 그게 아니더라도 면접관들이 하는 말을 들어보거나 대하는 태도를 보면 대략 유추할 수 있다. 갑질형은 역량이 매우 뛰어나서 시장에서 폭발적인 인기를 누린다. 여러 회사에서 동시에 오퍼를 받기 때문에 조급할 이유가 하나도 없다. 최고의 조건을 골라서 가면 그만이기 때문이다. 그래서 회사는 갑질형이 제시하는 희망 연봉에 최대한 맞춰줄 수밖에 없다. 해당 후보자는 회사뿐만 아니라 채용담당자와 결정권자들의 인재 확보라는 성과 평가에도 매우 필요하기 때문이다.

한편 논리형은 굉장히 주도면밀하다. 예의 바르고 상냥하지만 할 말은 한다. 그래서 얻어낼 것이 있으면 명확한 근거와 논리를 통해 반드시 얻어낸다. 채용담당자도 사람이기 때문에 무례한 사람보다는 예의를 갖추고 매너가 좋은 사람에게 호의적일 수밖에 없다. 예를 들어, 증빙서류를 보낼 때 아무런 내용 없이 첨부파일만 보내는 사람이 있다. 파일을 열어보면 넘버링도 안 되어있고, 파일명도 알아볼 수 없다. 폴더별로 정리해주기를 바라는 것은 사치다.

반면 논리형은 안내해줘서 감사하다고 인사부터 한다. 그리고 논리 정연하게 현재 처우와 희망연봉을 표로 정리하여 구체적인 근거와 함께 보낸다. 그뿐만 아니라 채용담당자가 혹시 놓칠지 모르는 특이사항을 친절하게 정리해서 알려준다. 첨부파일은 완벽하게 정리되어 있어서 한눈에 파악하기에 좋다. 만약 당신이라면 어떤 사람에게 더 호감이 갈 것 같은가? 당연히 말이 통하고 예의가 있는 사람이다. 그래서 그가 원하는 대로 최대한 해주기 위해 최선을 다할 것이다. 더구나 논리형은 본인이 원하는 바를 군더더기 없이 잘 이야기한다. 그러다 보니 채용담당자는 결정권자에게 보고해서 설득하기도 쉽다.

원하는 연봉으로 이직하고 싶은가? 그렇다면 반드시 갑질형과 논리형 둘 중 하나가 되어라. 실력과 평판을 갖춰 갑질형이 되거나, 논리형을 벤치마킹하여 논리형이 되면 된다. 그러면 당신도 효과적으로 어필해서 성공적인 이직을 할 수 있을 것이다. 다음은 나의 경험을 기반으로 정리해본 사례별 인상 수준이다. 물론 모든 경우가 무조건 맞다고 할 수는 없고, 현재연봉 수준에 따라 차이가 있을 수도 있다. 평균적인 인상률과 인상금액 기준을 표기한 것이니 희망수준 산정 시 참고하자.

<연봉협상 케이스별 인상 기준>

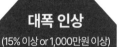

대폭 인상
(15% 이상 or 1,000만원 이상)

- 후보자가 갑질형인 경우
- 후보자가 논리형인 경우
- 타사와 동시 진행하는 경우

적정 인상
(10%~15% or 500~1,000만원)

- 일반적인 경우

소폭 인상
(5%~10% or 200~500만원)

- 현재 퇴사한 상태인 경우

수평 이동
(0%~5% or 0~200만원)

- 전 직장에 재입사하는 경우

슬라이딩
(현재 연봉 대비 마이너스)

- 현재 연봉이 회사의 연봉 테이블보다
  과도하게 높은 경우
- 고정수당이나 변동급여 차이가 많이 나는 경우

협상 결렬

- 후보자가 포기 (희망수준 미충족, 카운터 오퍼, 타사 입사)
- 기업이 고사 (희망수준 Gap 극복 불가,
  레퍼런스 체크 시 문제 발생 등)

06. 첫 번째 오퍼에 대응하기

1. Apple to Apple Comparison

드디어 채용담당자에게 처우제안이 왔다. 떨리는 마음으로 메일을 열어서 첨부된 오퍼레터를 열어본다. 그런데 이게 도대체 뭐지? 기대했던 수준과 너무 차이가 난다. 당황스러움과 허무함이 교차하고, 회사가 나를 겨우 이 정도로 평가했다는 사실이 괘씸하고 화가 난다. 새로운 회사에서 기분 좋게 시작할 것을 기대했던 마음은 온데간데없이 사라지고, 머릿속에는 이대로 포기해야 하나 절망적인 생각만 가득하다. 무엇보다도 오퍼에 어떻게 대응해야 할지 막막하기만 하다.

충분히 그럴 만한 상황이다. 하지만 흥분을 가라앉히고 잠시 눈을 감고 심호흡을 해보자. 아직 조정할 여지는 분명히 있기 때문이다. 차분하고 냉정한 상태로 돌아왔다면 오퍼레터를 다시 살펴보자. 제안내용이 정확히 어떤 수준인지, 처음에 흥분해서 놓친 부분은 없는지 꼼꼼히 읽어본다. 그러면 오해했던 부분이 있을 수 있다.

가장 많이 오해하는 경우는 현재 직장의 성과급이 매우 높은 경우다. 이 경우 후보자는 총 보상을 보전받기 위해 희망연봉을 높게 쓴다. 지원한 회사의 성과급 수준을 정확히 알 수 없기 때문이다. 그런데 제안받은 계약연봉만 보면 총 보상이 현재 수준에 한참 못 미쳐 보인다. 그러나 채용담당자는 성과급 예상수준을 고려하면 경쟁력 있다고 판단해서 해당 연봉을 제안했을 가능성이 크다. 따라서 반드시 평균 성과급 수준을 물어볼 필요가 있다.

첫 번째 오퍼를 통해서 당신은 향후 조정을 요청하기 위한 시작점을 알게 되었다. 이 연봉이 최종일 수도 있지만 일단 무조건 부딪혀보자. 만족스럽지 못하는 연봉으로 입사한다면 계속 미련이 남아서 사소한 일에도 불만이 쌓일 가능성이 크기 때문이다. 반대로 입사를 포기한다면 한 번 얘기해보지 않은 것을 두고두고 후회할 것이 뻔하다. 돈에 너무 집착하는 사람처럼 보일 것 같아서 걱정되는가? 무리한 수준을 요구하는 것이 아니라면 크게 염려할 필요 없다. 후보자 대부분이 이런 과정을 겪을뿐더러 입사 후 성과를 잘 내면 그만이다.

그렇다면 다시 부딪히기 위해 무엇을 해야 할까? 바로 현재 처우^{또는 오를 것으로 예상하는 처우}와 첫 번째 오퍼 받은 처우를 '제대로 비교해보는 것 Apple to Apple Comparison'이다. 여기에서는 총 보상뿐만 아니라 복리후생, 승진, 직책, 조직문화, 사업의 현재 상황, 회사와 개인의 비전, 상사와의 관계 등 여러 가지를 종합적으로 고려해볼 수 있다. 하지만 이런 정성적인 측면보다는 우선 정량적인 측면에서 비교를 해보자. 그렇게 해야 제안받은 처우가 좋은 처우인지 아닌지 객관적인 분석이 가능하기 때문이다.

이렇게 정리를 해보면 머릿속에서만 생각했던 것들이 명확해지고, 감에 의한 비교가 아닌 실질적인 비교를 할 수 있다. 항목을 구성할 때는 일단 현 직장에 있는 것들을 쭉 나열한다. 그다음 지원한 회사의 항목이 현 직장에 없는 것이라면 새로 추가하면 된다. 그리고 각각 비고 부분을 만들어서 세부조건을 적어주면 비교하기 좋다. 예를 들어, 제안받은 계약연봉이 현재연봉 대비 몇 % 정도 인상인지, 월급으로 환산했을 시 얼마나 올랐는지, 해당 복리후생을 적용받으려면 필요한 조건이나 지급횟수/한도 등을 정리하는 것이다. 그러면 둘 중 어느 것이 비교우위를 가지는지 판단하는 데 도움이 된다.

구분			현 직장		새 직장
계			67,200,000		72,800,000
현금성 처우	고정연봉	계약연봉	● 60,000,000	●	66,000,000
		중식대	● 1,200,000	●	1,800,000
	변동급여	성과급	● 6,000,000	●	5,000,000
계			3,650,000		14,000,000
복리후생	현금성 복리후생	복지포인트	● 1,000,000	●	2,000,000
		자기개발비	● 1,200,000	●	1,200,000
		생일/명절 축하	● 450,000	●	200,000
		통신비		●	600,000
	기타 복리후생	4대 보험	●	●	
		단체 보험	●	●	
		주요 경조사 지원	● 1,000,000	●	2,000,000
		건강검진	●	●	
		사내외 교육비		●	
		학자금 지원		●	8,000,000

2. 나의 희망수준 조정하기

Apple to Apple Comparison을 해봤다면 회사에서 왜 나에게 이 금

액으로 제안한 것인지 대략 유추해볼 수 있다. 데려갈 생각이 없지 않은 이상 말도 안 되는 처우를 제안하는 채용담당자와 결정권자는 거의 없다. 물론 가끔 그렇게 말도 안 되는 수준을 제안하거나 억지를 부리는 경우도 있겠지만 그런 회사는 미리 경험했다고 생각하고 빠르게 손절하자. 하지만 대부분의 회사는 몇 차례에 걸쳐 검증하고 상호 합의하여 합리적인 수준이라고 판단된 처우를 제안한다.

그렇다고 하더라도 그것은 어쨌거나 그들의 입장일 뿐이며 당신은 이보다 더 높은 연봉을 원한다. 만약 1차 오퍼와 희망연봉 간에 크게 차이가 없다면 희망연봉 수준으로 조정해 달라고 다시 요청하면 된다. 하지만 차이가 너무 크다면 희망연봉 수준을 조금 낮출 필요도 있다. 물론 낮출 의향이 전혀 없다면 그대로 다시 요청해도 된다. 하지만 회사는 이미 한 번 검토해서 제안했기 때문에 다른 이슈가 나오거나 특별한 경우를 제외하고는 그 수준까지 높여줄 가능성은 크지 않다. 오히려 무리하게 계속 요구하면 회사가 고사할 수도 있으므로 잘 판단하길 바란다.

3. 우선순위 대입해보기
낮춘 희망연봉으로 조정 요청을 하기 전에 우선순위도 한 번 더 체크해보자. 미리 전략을 짜보는 것이다. 만약 요청이 잘 받아들여져서 원하는 대로 조정이 된다면 가장 좋겠지만 그렇게 되지 않을 가능성을 항상 염두에 둬야 한다. 가장 집중해서 얻어낼 부분을 생각해보고, 그게 안 되더라도 최소 3순위 안에서는 얻어내야 한다. 우선순위가 계약연봉 금액이 될 수도 있고, 수당의 종류일 수도 있고, 직위 내 연차일 수도 있다. 내가 가장 중요하게 생각하는 것이 무엇인지 잘 생각해보자.

07. 효과적으로 재협상하기

1. 똑똑하게 조정 요청하기

지금부터는 본인이 '갑질형'인지 '논리형'인지 잘 생각해보고 거기에 맞는 스탠스를 취하자. 갑질형이라면 원하는 대로 요청을 해도 좋다. 하지만 아니라면 논리형이 되어서 요청해야 한다. 요청사항은 전화보다는 메일로 정리해서 보내는 것이 좋다. 글로 적는 것이 명확하고 많은 내용을 표현할 수 있어서 후보자에게 더 좋은 방법이다. 채용담당자도 전사 조직과 협업을 해서 업무량이 상당히 많고 바쁘다 보니 될 수 있으면 메일로 보내는 것을 선호한다.

가장 잘 먹히는 방법은 역시 '현 직장 잔류 시 예상되는 처우와 비전'과 '이직 시 예상되는 처우와 비전'을 비교하는 것이다. 채용담당자에게 메일을 회신하면서 이런 식으로 말하자. "보내주신 오퍼를 잘 확인하였고 곰곰이 생각해보았으나, 제안 주신 연봉으로는 현 직장 잔류 시 예상되는 처우와 비전과 비교했을 때 이직을 결정하기 어려울 것 같습니다. 따라서 0,000만 원까지 상향 조정을 요청 드립니다." 그러면서 이에 대한 근거와 논리를 하나씩 풀어내는 것이다.

조정 요청이 있으면 채용담당자는 반드시 현업 사업부장, 인사팀장과 논의한다. 직책자 포지션이거나 1억 이상 고연봉자인 경우 인사 임원에게도 보고한다. 먼저 사업부장과 논의를 하는데 이때 후보자가 보낸 메일을 그대로 전달하면서 ① 후보자 요청사항을 요약·정리 → ② 이에 대한 객관적인 판단^{너무 과하다, 적정하다} → ③ 인사에서 생각하는 조정안을 보고한다. 그러면 사업부장은 보고받은 내용을 바탕으로 적정한 조정 연봉을 결정해준다. 결정할 때는 보통 조직원들의 연봉 수준과 비교해보고, 면접 평가결과를 고려한다.

따라서 메일을 보낼 때 사업부장한테 무조건 전달된다고 생각하는 것이 좋다. 표현 하나에도 최대한 신경 써서 조심스럽고 예의 바르게 보내자. "먼저 좋은 제안을 주셔서 감사하다. 귀사에 빠르게 합류하고 싶지만 하기의 이유로 결정을 내리는 것이 고민된다. 조금만 더 조정해주면 갈 것 같으니 재고해달라."고 말이다. 나는 갈 의향이 충분히 있으니 더 올려달라는 일종의 심리전인 것이다. 회사도 최종면접까지 한 명을 합격시키려면 많은 시간과 비용이 소요되기 때문에 될 수 있으면 연봉협상에서 잘 마무리 짓고 후보자가 입사하기를 바란다. 이런 심리를 잘 알아채서 이용하자.

2. 소탐대실^{小貪大失}의 우를 범하지 말자

조정 요청한 이후에 두 번째 오퍼가 왔다. 요청한 연봉이 온전히 반영되었거나 일부만 반영되었거나 둘 중 하나일 것이다^{반영이 불가하다고 회신이 올 수도 있다}. 전자라면 당연히 기분 좋게 동의할 것이다. 하지만 후자라면 한 번 더 요청하는 것이 좋을까? 아니면 그대로 동의해야 할까? 연봉 협상은 한 두 번 만에 끝나지는 않기 때문에 필요하면 몇 번 더 요청할 수 있다. 하지만 회사가 두 번이나 검토해서 제안한 연봉이기 때문에 아래에 해당하지 않는다면 두 번째 오퍼에 동의하는 것을 추천한다.

먼저 갑질형인 경우다. 계속해서 강조하지만, 갑질형은 협상에서 주도권을 가지고 있어서 최대한 높은 연봉을 요구한다. 반면 회사는 후보자가 꼭 필요하지만, 내부 원칙과 평균 연봉을 고려하여 적정수준으로 모셔오려고 한다. 그래서 희망연봉과 제안 연봉 간 격차가 발생할 수밖에 없고, 연봉협상이 여러 번에 걸쳐서 진행된다.

다음으로 조정 요청금액이 매우 낮은 경우다. 예를 들어, 1백만 원에서 2백만 원 정도만 더 올려달라고 하는 것이다. 크게 무리한 요구가 아니라면 회사도 조금만 더 높여서 기분 좋게 입사하도록 할 것이다. 이때도 합당한 근거가 있다면 제일 좋지만 정 없다면 이때는 약간의 떼를 써봐도 좋다. 안 되면 말고라는 마음가짐으로 마지막으로 찔러보는 것이다.

두 가지 경우가 아니라면 그냥 두 번째 오퍼에 동의하자. 보통 후보자들이 재조정을 요청하는 금액 차이는 3백만 원에서 5백만 원 사이다. 이를 12개월로 나눠서 월급으로 생각해보면 한 달에 25만원에서 42만원 정도의 차이다. 사람에 따라서 큰 금액일 수도 있지만 입사 후 성과를 잘 낸다면 금방 상쇄할 수 있는 수준이다.

이렇게 생각해볼 수도 있다. 만약 두 번째 오퍼가 회사에서 최대한 많이 배려한 것이었다면? 꼭 영입하고 싶어서 무리하게 컨펌받은 후 제안한 것이라면? 그런데도 한 번 더 조정을 요청한다면 회사가 먼저 진행이 어렵다고 고사할 수도 있다. 인상 가능한 상한선을 넘었거나 후보자를 괘씸하게 생각하기 때문이다. 꼭 입사하고 싶었던 회사라면 이런 소탐대실의 우를 범하지 말자.

08. 연봉협상 마무리하기

1. 최종 오퍼 동의하기 vs 거절하기

드디어 연봉협상을 마무리할 단계다. 당신의 대답은 둘 중 하나다. 동의하거나 거절하는 것이다. 그 전에 한 가지만 기억하자. 최종 제안받은 연봉은 당신에 대한 회사의 평가결과다. 구체적으로는 담당 임원과 조직장 그리고 회사HR 혹은 대표이사 의 평가다. 이를 토대로 앞으로 회사와 조직 내에서 당신이 어떤 대우를 받을지, 어떤 비전을 가질 것인지 냉정하게 판단해볼 수 있다.

이직은 우리의 삶 전반에 큰 영향을 미치는 중요한 의사결정 중 하나이기 때문에 신중하게 결정해야 한다. 익숙한 직장을 떠나 새로운 곳으로 이직할 때의 득실을 철저하게 비교하고 분석해서 결정을 내려야 한다. 남들에게 조언을 구할 수는 있지만 결국 답은 나만이 알고 있다. 고민 끝에 나온 결론이 이직하는 것이라면 과감하게 서명해라.

하지만 아직 잘 모르겠거나 확신이 들지 않는다면, 혹은 제안이 만족스럽지 않다면 마지막으로 한 번 더 찔러봐라. 방법은 두 가지인데 하나는 최종 재조정 요청이다. 받아들여지면 회사가 당신을 정말로 원한다는 신호이니 가는 쪽으로 결정해도 좋다. 아니라면 쿨하게 동의하거나 거절하면 그만이다. 다른 하나는 입사를 포기하겠다고 초강수를 두는 것이다. 이 경우에도 당신이 정말로 필요하다면 한 번 더 조정해줄 것이고, 아니라면 다른 후보자를 찾아볼 것이다.

<최종 결정 전 점검해봐야 할 사항>

1) 연봉인상 : 현재연봉 대비 인상률과 인상금액,
   지원한 회사의 3개년 연봉 인상률
2) 성과급 : 지원한 회사의 성과급 비율/금액/기준
3) 직위/연차 : 총 경력 대비 적절한 직위/연차 산정 여부
4) 시간외수당 : 지원한 회사의 시간외수당 지급 여부 포괄임금제 vs 비포괄임금제
5) 복리후생 : 현금성/비현금성 제도,
   학자금/주택자금대출/생활안정자금 등 목돈지원 여부

2. 현 직장에 알리고 퇴사일 정하기

오퍼에 동의했다면 진짜 마지막 단계만 남았다. 퇴사일과 입사일을 정하는 것이다. 하지만 막상 팀장에게 퇴사 사실을 밝히려고 하니 걱정이 앞선다. '현재 팀 상황이 너무 바쁘게 돌아가고 있는데 나간다고 하면 다들 어떤 반응일까? 너무 이기적이라고 생각하지 않을까?' 하는 생각부터 '절대 퇴사 안 시켜준다고 하면 어떻게 하지?' 등등 별의

별 생각이 다 든다.

하지만 내부의 소곤거림은 시간이 해결해주므로 크게 걱정할 필요는 없다. 인간은 망각의 동물이라서 불과 1~2개월만 지나면 금방 잊는다. 심지어 함께 일을 했던 기억조차 희미해진다. 혹시 상사가 절대 퇴사를 못 시킨다고 생떼를 부리거나 사직서를 안 받아줘도 걱정할 필요가 없다. 사직서를 제출한 날로부터 1개월이 지나면 효력이 발생하기 때문이다.

혹시 이중취업이 되어서 불이익이 생기는 것은 아닐까 걱정될 것이다. 이 부분도 걱정하지 않아도 된다. 실제로 많은 입사예정자가 퇴사일/입사일 조율 시점에서 이런 질문을 자주 한다. 전 직장 퇴직일이 새 직장 입사 후라도 이중취업이 아니다. 단지 전 직장에서 사직서를 수리하지 않고 4대 보험 상실신고를 하지 않은 상태일 뿐이다. 만약 확실하게 정리하고 싶다면 직접 근로복지공단에 상실신고를 하면 된다. 자세한 사항은 아래 기사를 참고하자.

"회사가 사직서를 안 받아줍니다."
출처 : 로톡뉴스 (박선우 기자)

그렇다면 퇴사 통보는 도대체 어느 시점에 해야 할까? 사실 언제라도 할 수 있으나 1개월 전에 통보하는 것이 가장 좋다. 퇴사일로 공표

한 시점 이후에는 출근을 안 하더라도 전혀 책임이 없다. 만약 회사가 퇴사 의사를 존중하고 사직을 수리한다면 수리 시점을 기준으로 근로 관계가 종료된다. 다만, 새 직장에 입사한 후에 전 직장의 업무 관련 문의를 받고 싶지 않다면 인수인계를 고려하여 넉넉하게 정하자. 자세한 사항은 아랫글을 참고해보자.

"퇴사 통보 시점 언제가 좋을지 법적으로 따져보자"
출처 : 정치의 경영철학 티스토리 블로그

3. 새 직장 입사일 조율하기

새 직장에서 빨리 일을 하고 싶은 사람도 있겠지만 대부분은 어느 정도 기간을 두고 입사하고 싶다. 그동안 못 해봤던 여행을 가거나 아무것도 안 하고 쉬어보고 싶기 때문이다. 그러나 애석하게도 회사는 최대한 빨리 입사하기를 원한다. 대부분의 채용 사유가 퇴직 후임 충원이거나 새로운 역할을 맡기기 위한 증원이기 때문이다.

그렇다면 입사일은 어떻게 조율하면 좋을까? 우선 당신이 희망하는 최대 기간을 생각해서 입사 가능일을 말하자. 아마도 새 회사에서는 조금 더 앞당겨 달라고 요청할 것이다. 그러면 일단 쉽지 않겠지만 가능한지 확인해보겠다고 한 후에 약간만 당겨주면 된다. 하지만 전임자가 곧 퇴사 예정인 상황은 다르다. 인수인계를 받기 어려울 수 있으므로 입사일을 아예 앞당기거나 미리 며칠만 나가서 인수인계를 받도록 하자. 인수인계 없이 업무를 시작하게 되면 가장 힘든 사람은 바로 나이기 때문이다.

반대로 입사일을 뒤로 미뤄야 하는 상황이 생길 수도 있다. 바로 현재 직장의 인수인계가 생각보다 길어지거나 진행 중인 프로젝트를 마무리해야 하는 경우다. 이럴 때는 상황을 상세히 설명하면서 정중히 입사일 변경을 요청하면 된다. 대부분의 리더는 새로운 팀원이 전 직장과의 관계를 깔끔하고 원활하게 정리한 후 입사하기를 원한다. 그래야 새로운 업무에 몰입해서 성과를 낼 수 있기 때문이다.

09. 연봉협상 시 가장 많이 묻는 질문 10가지

Q1. 채용담당자에게 전화가 올 때는 어떻게 하면 좋은가요?

연봉협상에 자신 없는 사람들이 가장 두려워하는 상황 중에 하나다. 전화가 오면 물어보는 것에 대해서는 간단명료하게 대답하자. 하지만 대답을 잘못할 경우에 불리할 수 있는 부분이 있다면 이렇게 대응하자. "제가 잘 알 수 없어서 한 번 알아보고 연락 드려도 될까요?", "그 부분은 정확하지가 않아서 확인해보겠습니다." 그리고 나서 통화를 종료하고 답변은 전화가 아닌 메일로 하면 된다. 이후 사실 확인을 하여 논리적으로 메일을 써서 대응하자.

Q2. 보통 직위별로 연봉 Cap _{최고 한도액}이 있나요?

이는 회사마다 다르다. 회사의 인사 철학과 정책에 따라 제도를 다르게 세팅하기 때문이다. 개인별로 연봉이 다른 연봉제라고 하더라도 직위별 연봉 Cap은 있는 경우가 많다. 연봉협상을 위해서도 기준점이 필요하고, 보상 및 평가제도를 기획하거나 개선할 때도 참고해야 하기 때문이다. 그래서 후보자의 현재연봉이나 희망연봉이 직위 내 Cap을 넘어서는 경우에는 기타 고정성 수당으로 차이만큼을 보전해주기도 한다.

Q3. 동시에 여러 회사의 연봉협상을 진행하는 경우에는
어떻게 하면 좋나요?

실제로 이런 경우가 생각보다 많다. 벌써 타사와 연봉협상을 마치고 입사를 앞두고 있거나, 이미 새로운 회사로 막 입사한 상태에서 연봉협상을 진행하는 때도 있다. 이런 후보자는 가장 영입하기 어려운 후보자 중에 하나다. 후보자가 주도권을 쥐고 협상을 이끌 수 있기 때문이다. 회사는 인재를 빼앗아야 하므로 타사의 제안연봉에 준하는 수준이나 그 이상을 제시하지 않으면 안 된다는 것을 알고 있다. 따라서 후보자는 이러한 부분을 잘 이용해서 공략해야 한다.

채용담당자는 원래 알고 있던 현재연봉보다 훨씬 높은 수준으로 처우안을 보고해야 하므로 이에 대한 증빙을 요구할 수도 있다. 예컨대 회사명을 가린 채로 타사에서 제안받은 연봉 _{오퍼레터나 연봉계약서 또는 메일 내용}을 공유해달라고 정중히 요청한다. 그렇다면 굳이 제출하지 않을 이유가 없다. 원하는 연봉을 받고 싶다면 공조를 해야 하기 때문이다. 채용담당자도 합리적인 근거를 가지고 보고해야 하므로 증빙자료를 제출하자. 검증되면 회사가 꼭 모셔와야 하는 매력적인 후보자라고 생각해서 희망연봉 설득에 성공할 수 있다.

반대로 이직하고 몇 개월이 지난 상태에서 한 회사만 연봉협상을 한다면 상황은 역전된다. 다닌 지 얼마 안 됐는데 이직하는 것은 그만큼 불만이 있고 절박하다는 방증이기 때문이다. 그리고 후보자가 연봉을 최근에 많이 높였으므로 굳이 또 높여줄 필요는 없다고 생각한다. 따라서 이런 경우에는 현재연봉과 비슷한 수준이나 아주 약간 상향하는 정도로만 제안한다.

Q4. 퇴사한 상태에서 연봉협상을 하면 불리한가요?

무조건 불리하다. 퇴사했더라도 여러 회사를 동시에 합격할 수 있는 능력자라면 상관없지만, 보통은 그러기 쉽지 않다. 퇴사한 사람은 대부분 절박하고 불안한 마음을 가지고 있으므로 회사에 주도권을 빼앗기기 쉽다. 그리고 연봉협상 시 가장 효과적으로 먹히는 방법이 '현 직장 잔류 시 예상되는 처우와 비전'과 '이직 시 예상되는 처우와 비전'을 비교하는 것인데 퇴사하면 이런 무기가 없는 것이나 마찬가지다.

채용담당자도 이런 생각을 하고 있어서 되도록 연봉을 많이 높여주려고 하지 않는다. 물론 과도하게 낮은 연봉을 제안하면 후보자가 오지 않기 때문에 적정수준으로는 제안한다. 하지만 후보자가 원하는 만큼 높은 수준을 맞춰주려고 하지는 않는다는 것이다. 후보자로서는 선택의 여지가 많지 않기 때문에 회사의 제안에 어느 정도 맞출 수밖에 없다. 연봉협상에서 부러지면 다시 처음부터 시작해야 하고 합격한다는 보장이 없기 때문이다.

그렇다고 무조건 끌려가지는 말자. 당장 입사하는 것에 급급하기보다는 나의 가치를 제대로 인정해서 적정한 연봉을 주는 회사에 가는 것이 중장기적으로 좋다. 하지만 합격한 회사가 꼭 가고 싶었던 회사라면 '논리형'이 되어서 조금만 더 조정해줄 수 있는지 요청해보자.

Q5. 현 직장에서 조기 승진을 했는데 연봉협상 시 인정받을 수 있을까요?

잘만 설득한다면 인정받을 수도 있다. 각 회사의 직위 체계와 표준 체류년수를 될 수 있으면 존중하면 좋지만 한 번 이상 조기 승진한 경우라면 오히려 직위나 연차가 낮아지는 경우가 발생한다. 연차가 낮아지는 것까지는 그나마 이해할 수 있지만, 직위가 낮아지는 것은 민감하게 생각하는 사람이 많다. 이럴 경우에는 두 가지 조건이 충족된다면 현재 직장의 직위로 이직할 수도 있다.

첫째, 현재연봉이 지원한 회사의 동일 직위/연차 대비 현격히 높은 경우다. 많은 회사가 직위 내 연봉 Cap을 가지고 있는데, 현재연봉이 Cap을 벗어나거나 비슷한 연차보다 훨씬 높다면 차라리 그 위 직급으로 영입하는 편이 더 합리적이다. 예컨대, 현재 직장에서 조기 승진을 해서 과장 1년 차인데 지원한 회사에서는 총 경력상 대리 4년 차에 해당한다고 가정해보자. 그런데 현재연봉이 6,500만 원이고 지원한 회사의 대리급 연봉 Cap 이 6,000만 원이라면 어떨까? 회사 차원에서는 무리하게 대리 4년 차로 입사시키는 것보다는 무난하게 과장 1년 차로 뽑는 것이 낫다.

둘째, 직위/연차 대비 나이가 많은 경우다. 리더들은 조직관리 차원에서 나이를 볼 수밖에 없다. 기존 구성원들과 마찰이 없으려면 족보가 꼬이지 않아야 하기 때문이다. 만약 후보자가 조기 승진을 했더라도 나이가 적지 않다면 현재 직위로 입사하더라도 구성원들이 크게 위화감을 느끼지 않는다. 따라서 현재 직위 그대로 인정받을 수 있다. 물론 직위 내 1년 차로 낮아질 가능성이 크지만, 예외적으로 직위는 유지해 줬으니 만족하는 것이 좋다.

하지만 원래 직위를 인정받는다고 해서 무조건 좋은 것만은 아니다. 오히려 낮춰가는 것이 연봉 측면에서는 더 좋을 수도 있다. 승진가급이나 승진 시 별도의 연봉인상이 있을 수 있기 때문이다. 조만간 승진을 앞둔 연차로 제안받았다면 입사 후 승진했을 때 연봉을 한 차례 더 끌어올릴 기회일 수 있다. 물론 무조건 승진한다는 보장이 없으므로 전반적으로 꼼꼼하게 따져보자. 회사의 승진율이 얼마나 되는지, 별도의 승진조건은 어떤 것들이 있는지 정확하게 알아봐야 한다. 그랬을 때 어떤 것이 더 유리한지 판단해보고 결정하자.

Q6. 개인사업이나 프리랜서, 파견사원, 인턴, 아르바이트 경력이 인정되나요?

기본적으로는 인정하지 않는다. 회사에서 인정하는 경력은 정규직이나 계약직 경력만이다. 하지만 만약 개인사업, 프리랜서, 파견사원 경력이 지원한 직무와 직접 관련된 경력이라면 인정해주는 경우도 있다. 특히 개발자나 디자이너 등 특정 직무는 프리랜서 경력이 대다수인 경우가 많기 때문이다. 이런 경우에는 총 경력에서 프리랜서 경력을 제외하면 남는 경력이 거의 없다. 그렇다고 과장급 인력을 사원급으로 채용할 수는 없는 노릇이니 인정해줄 수밖에 것이다. 단, 인턴 경력과 아르바이트 경력은 인정하지 않는다.

채용담당자가 경력을 산정할 때 보는 서류는 크게 두 가지다. 바로 이력서와 고용보험 자격이력 내역서인데, 이력서상으로 경력을 속일 가능성도 있어서 두 가지를 비교하면서 보는 것이다. 고용보험 자격이력 내역서에 파견사원 경력과 인턴 경력도 표기되는데, 파견사원 경력은 파견 회사명으로 표기되므로 구분할 수 있다. 하지만 인턴 경력은 그냥 회사명으로 나와 있으므로 구분이 어렵다. 그런데 근무기간을 보면 대략 파악할 수 있으므로 이력서상에는 실제 근무했을 당시의 계약형태를 정확하게 표기하길 권장한다.

Q7. 사이닝보너스와 리텐션보너스가 뭔가요?

둘 다 인센티브의 한 종류다. 하지만 모든 후보자에게 지급되는 것은 아니고 변동 급여가 자사 대비 매우 높은 수준일 때만 예외적으로 지급한다. 사이닝보너스 Signing Bonus 는 입사 시 일회성으로 지급되는 인센티브인데 회사에 따라 사인온 보너스 Sign-on Bonus 로 부르기도 한다. 지급시점은 입사 당월 급여가 지급될 때이며, 예외적으로 지급하는 것이다 보니 특정한 조건이 붙는다. 예를 들어, 입사 후 2년 내 퇴사하는 경우 날짜로 계산하여 반환해야 하는 조건이 있다.

한편 리텐션보너스 Retention Bonus 는 핵심인재로 판단되는 인력을 반드시 입사시키기 위해 약정 기간 동안 지급되는 인센티브다. 혹은 입사 후 이탈하지 않도록 붙잡아 두기 위해 활용되기도 한다. 핵심인재 대상으로만 적용하다 보니 극소수의 후보자에게만 제안한다. 지급 시점은 입사 당년의 인센티브가 지급되는 시점이며, 회사마다 다르지만 보통 연말이나 이듬해 초에 지급된다. 다만 계속해서 유지되기 보다는 특정 기간1년~2년에 대해서 보장되는 경우가 많으며, 기간이 종료되면 담당 임원 또는 대표이사가 연장 여부를 결정한다.

Q8. 어느 시점에 채용이 최종 확정되었다고 볼 수 있나요?

어찌 보면 연봉협상보다 더 중요할 수도 있다. 채용이 확정된 줄 알고 덜컥 퇴사했는데 이직하는 회사의 상황이 바뀌어서 입사를 못 하는 억울한 상황이 생길 수도 있기 때문이다. 말도 안 된다고 생각되겠지만 이런 일이 닥치지 않는다는 보장은 없다. 그러다 보니 실제로 많은 후보자가 채용 여부가 확정된 것인지 채용담당자에게 물어보기도 한다. 그리고 철저한 후보자는 메일로 채용 여부 확정에 대한 회신을 요청하기도 한다.

그렇다면 채용 확정 시점을 언제로 보면 될까? 보통 오퍼레터에 동의하여 서명한 시점을 채용 확정 시점으로 본다. 처우 및 입사에 대해 후보자와 회사 간 상호 합의 후 동의했다고 보기 때문이다. 물론 가장 확실한 것은 근로계약서에 서명하는 것이다. 그래서 입사 전에 근로계약을 하는 것이 베스트이겠지만 대부분 입사 당일에 진행하므로 오퍼레터로 갈음하는 것이다.

그럼에도 불구하고 퇴사 통보를 하기 전에 계속해서 불안한 마음이 든다면 채용담당자에게 채용 확정에 대한 증빙을 요구하자. 혹시 모를 경우를 대비해서 유리한 근거를 최대한 많이 마련해 놓는 것이다. 그래야 현재 직장에 마음 편하게 퇴사 통보를 할 수 있고 정신 건강을 위해서도 좋다.

한편 오퍼레터에 수습 기간이 명시되어 있어서 찜찜하게 생각하는 후보자가 많다. 하지만 이는 대부분 회사의 안전장치이므로 너무 걱정할 필요는 없다. 회사는 혹시라도 후보자가 문제를 일으키거나 부적격하다고 판단되면 해고할 수 있도록 3개월 정도의 수습 기간을 가진다. 하지만 명확한 근거 없이 해고하는 것은 매우 어렵다. 크게 문제만 일으키지 않으면 되므로 수습 기간은 마음 편하게 서로를 탐색하는 허니문 기간이라고 생각하자.

Q10. 현재 직장에서 카운터 오퍼 Counter Offer 를 받았는데 어떻게 해야 하나요?

간혹 퇴사 통보를 했는데 현재 직장에서 카운터 오퍼를 받는 경우가 있다. 이직하려는 회사보다 더 좋은 조건을 제시하거나 파격적인 조건을 통해 붙잡기도 한다. 이미 퇴사를 하기로 마음먹고 통보한 입장에서 카운터 오퍼를 받으면 굉장히 난처하고 고민된다. 실제로 이를 받아들여서 새 직장에 입사를 포기하고 현 직장에 잔류하는 사람들도 있다.

그러나 카운터 오퍼를 수락한 대다수가 1년 이내에 또다시 퇴사를 결정한다. 카운터 오퍼 대부분은 개인이 아닌 조직을 위한 경우가 많았기 때문이다. 진정으로 개인을 생각했다면, 왜 진작 조치해주지 않고 퇴사 통보를 한 이후에 제안한 것인지 생각해 볼 필요가 있다. 회사에서 카운터 오퍼를 제안하는 이유는 다음과 같다.

① 신규 직원 채용을 위한 시간과 비용 문제
② 충원된 직원의 업무 역량이 떨어지거나
　 조직과 fit이 맞지 않을 수 있다는 위험 부담
③ 퇴사자 발생으로 인한 기존 직원들의 동요
④ 팀원 이직으로 상사팀장 의 People Management 등
　 평판에 부정적 영향 미칠 가능성

"카운터 오퍼의 진실"
출처 : 잡코리아 (유니코서치 문인경)

카운터 오퍼를 받아들여서 현재 직장에 잔류했을 경우와 이직했을 경우를 놓고 객관적으로 비교해보자. 회사가 당신을 붙잡으려고 하는 것인지, 조직을 위해 요청하는 것인지 잘 판단해보고 현명하게 결정해야 한다. 개인마다 퇴사하려는 이유와 이직하려는 이유가 다르다. 그리고 한 가지보다는 여러 가지 복합적인 요인에 의해 결정하게 된다. 만약 카운터 오퍼를 받아들일지 말지 너무 고민이 된다면 당신이 퇴사와 이직을 결심하기까지의 원인을 다시 짚어보자.

07	효과적으로 재협상하기
08	연봉협상 마무리하기
09	연봉협상 시 가장 많이 묻는 질문 10가지

야, 너도 다른 회사에 갈 수 있어

8장.

입사일까지 뭘 준비해야 하지?

01	깔끔하게 마무리하기
02	새롭게 충전하기
03	새 직장 전략짜기

● ● ● 입력 중

01. 깔끔하게 마무리하기

떠나는 사람은 마무리가 가장 중요하다. 남은 사람들에게는 당신의 마지막 모습이 평생의 이미지가 되기 때문이다. 따라서 퇴직 전까지 인수인계와 관계 정리를 완벽하게 해야 한다. 놓치는 부분을 최소화하기 위해서는 퇴사 체크리스트를 만들어서 일자별로 정리해 나가는 것이 중요하다. 물론 퇴직금, 연차보상 등 개인적으로 챙겨야 할 부분들도 포함해서 빈틈없이 챙기자. 퇴사 체크리스트는 크게 업무, 관계, 개인으로 구분하여 리스트를 만드는 것이 좋다. 그리고 구분된 할 일들을 일자별로 배치하여 적어두고 꼼꼼히 챙기자.

\<퇴사 체크리스트\>

구분	업무	관계	개인	
			현 직장	새 직장
1개월 전	- 팀장에게 퇴사통보 - 퇴사일 조율하기 - 인계사항 목록만들기			- 오퍼레터 회신하기 - 입사일 조율하기
2~3주 전	- 인수인계서 만들기 - 업무 인수인계	- 친한 동료들 식사하기	- 업무자료 소장하기 - 복지포인트 소진하기	- 입사안내 메일 받기
1주 전	- 현업과 업체에 알리기 (업무별 후임자 지정) - 사이트/시스템담당자 후임자로 변경하기 - 폴더별 파일 정리	- 퇴사한 동료들 연락 - 퇴직메일 내용 정리	- 인사팀 퇴직면담 - 퇴직자 정리안내 받기 - 잔여 연차 소진/보상 - 퇴직금 체크하기	- 입사 구비서류 챙기기 - 채용검진 받기
1일 전	- 인수인계서 제출/결재 - 인수인계 자료 전달 - 이메일 아웃룩 백업본 후임자에게 파일 전달	- 관계 잘 마무리하기 (감사 표시, 사과 등) - 퇴직메일 수신자 정리	- 책상 짐 정리하기	
당일	- 퇴직원 결재 받기	- 퇴직메일 보내기 - 사무실 돌면서 인사 - 팀원들 편지 및 선물 - 주변지인 이직 알리기	- 지원부서에 반납 하기(사원증, 노트북, 전화, 장비, 법인카드등) - 퇴직원 제출하기	

1. 업무

팀장에게 퇴사 통보하기 1개월 전

: 퇴직 절차는 팀장에게 알리는 것부터 시작된다. 말하기 전에 어떤 이야기를 할지 미리 충분히 생각해보고 시뮬레이션을 해보자. 평소 일을 못 하지 않았다면 팀장은 당신을 붙잡으려고 할 것이다. 당신이 아까워서 그런 것도 있지만 그보다도 조직운영에 구멍이 나는 것이 걱정되기 때문이다. 만약 없어서는 안 될 핵심인재라면 무슨 수를 써서라도 붙잡으려고 할 것이다. 그러므로 나만의 대응 논리와 답변을 먼저 준비해야 한다.

면담을 잡기 위해서는 다른 팀원들이 눈치채지 못하도록 사내 메신저나 문자 메시지를 통해 면담을 요청하자. 팀장이 카운터 오퍼를 하거나 다른 제안을 할지도 모르기 때문이다. 갑작스러운 면담 요청에 팀장은 싸한 느낌이 들어서 조심스럽게 시간과 장소를 정할 것이다. 자리에 앉으면 명확하게 얘기해야 한다. "팀장님, 저 퇴사하려고 합니다." 그러면 팀장은 당황하며 퇴사 사유를 물어본다. 어디로 이직하는지 물어보는데 어디로 가는지 꼭 말할 필요는 없다. 상황이나 관계에 따라서 업종만 얘기하거나 기업명을 오픈하기도 하지만 다시 안 볼 사이라면 솔직하게 말하지 않아도 된다. 그렇다고 금방 들통날 거짓말은 지양하자.

퇴사일 조율하기 1개월 전

: 이때는 팀장과 인수인계 기간 등을 고려하여 대략적인 퇴사시점을 정

한다고 생각하면 된다. 실제 퇴사일은 인사팀 담당자와 퇴직면담을 할 때 정하기 때문이다.

인계사항 목록 만들기 1개월 전

: 떠나는 마당에 굳이 이렇게 열심히 인계해야 하나 싶지만, 당신의 평판을 위해 마무리가 중요하다. 그리고 퇴사 후에 업무 관련 연락을 받기 싫다면 놓치는 부분이 없도록 목록을 잘 정리하자.

인수인계서 만들기 2~3주 전

: 대부분의 회사는 사내에 공통된 인수인계서 양식이 있다. 그 파일을 받아서 최대한 충실하게 내용을 작성하자. 양식에 담기 어려운 자료는 별첨으로 만들면 된다. 내가 없더라도 상대방이 해당 업무를 혼자 충분히 처리할 수 있도록 명확하게 쓰는 것이 중요하다.

업무 인수인계하기 2~3주 전

: 퇴사 전에 후임자가 충원돼서 깔끔하게 인계하고 퇴사하면 좋겠지만 대부분은 그렇지 못하다. 채용이 생각처럼 빠르게 되지 않기 때문에 일단은 기존 팀원에게 넘기고 퇴사하는 경우가 많다. 이 경우 퇴사자는 업무를 마무리하면서 인계해야 하고, 인수자는 평소 담당업무에 추가로 업무를 받아야 한다. 따라서 인수인계를 위한 시간을 따로 내기가 쉽지만은 않다. 일정을 잘 조율해서 정해진 시간에 조금씩 나눠서 진행하거나 아예 날을 잡고 해야만 서로 만족스러운 인수인계를 할 수 있다.

현업과 업체에 알리기 1주 전

: 평소 협업을 하는 유관부서와 거래업체가 있다면 후임자와 원활하게 업무를 진행할 수 있도록 퇴사 사실과 후임자를 반드시 알려야 한다. 구체적으로 내가 언제까지 근무하는지 말해주자. 그리고 후임자의 이름과 직위, 연락처와 이메일, 담당하게 될 업무를 공유해야 한다. 그래야 상대방도 어려움 없이 후임자에게 연락해서 미결사항과 이후 업무를 이어 나갈 수 있다. 일반적으로 현업과 업체에 구두로 미리 말하고 메일을 보내면서 후임자를 참조자로 지정하여 보낸다.

사이트/시스템 담당자를 후임자로 변경하기 1주 전

: 팀 내에서 운영하는 특정 사이트, 시스템이 있는 경우 관리자 admin 가 나로 지정되어 있을 수 있다. 퇴사 후에는 이를 변경하기가 어려워지므로 인수인계 전에 미리 후임자로 변경하고 사용 방법을 알려주자. 또한, 담당자가 후임자로 변경되었음을 알아야 하는 모든 사람에게도 이 사실을 꼭 공유하자.

폴더별로 파일 정리하기 1주 전

: 평소 정리가 잘 되어있지 않은 사람이라면 원활한 인수인계를 위해서 폴더별로 파일을 정리하자. 가장 좋은 방법은 상대방이 알아보기 쉽게 정리하는 것이다. 특히 넘버링을 하여 업무 프로세스나 마일스톤에 맞춰 정리하면 추후 업무에 필요한 자료를 금방 찾을 수 있다. 퇴사 후에 자료를 못 찾겠다는 연락을 받기 싫다면 미리미리 잘 정리하자. 조금 귀찮더라도 모든 일은 나를 위한 것으로 생각하는 게 좋다.

인수인계서 제출 및 결재받기 _{1일 전}

: 인수인계서를 다 만들었다면 업무 히스토리 유지를 위해서 인수자, 팀장에게 제출하고 서명을 받아야 한다. 혹시 놓친 부분이 있을 수 있으므로 함께 점검하며 부족한 부분을 보충하면 된다. 특히 나만 아는 내용과 진행 중인 미결 건은 더 명확하고 자세하게 정리해야 한다. 다른 사람은 이에 대해 모르고 있어서 추후 문제가 생길 수 있기 때문이다.

인수인계 자료 전달하기 _{1일 전}

: 인수인계서에 설명해 놓았지만, 해당 업무를 수행하기 위해서는 필요한 자료들이 있다. 목적에 따라서는 기획서, 보고서, 매뉴얼, 프로그램 등이 있고, 형식에 따라서는 메일, PPT, EXCEL, 영상 등이 있다. 사내 메일이나 메신저로 전달해도 되지만 용량이 크다면 USB나 외장하드에 담아서 전달해주는 것이 좋다. 정보보안 때문에 어렵다면 사내 파일 공유시스템 내에 공유하는 것도 좋은 방법이다. 센스 있게 폴더별로 정리하고 압축 파일 형태로 전달하도록 하자.

후임자에게 이메일 아웃룩 백업본 전달하기 _{1일 전}

: 사내 그룹웨어만 사용하고 아웃룩을 사용하지 않는 사람도 있겠지만 인수인계 시에는 아웃룩만한 것이 없다. 대부분의 업무 히스토리는 이메일로 주고받는 내용에 녹아 있기 때문에 이를 아웃룩 pst 파일로 백업해서 전달해주는 것이다. 그러면 후임자가 아웃룩에 해당 파일을 불러와서 전임자의 메일 내용을 그대로 볼 수 있다. 아웃룩 메일을 pst 파일로 백업하는 방법은 블로그 등에 검색해보면 많이 나와 있으므로 참고하도록 하자.

퇴직원 결재 및 제출하기 _{당일}

: 퇴직하려면 공식적으로 퇴직원이라는 서류에 결재를 받아야 한다. 퇴직원은 인사팀 담당자와 퇴직면담을 하면서 받을 수 있는데 여기에는 팀장과 임원이 서명해야 하며, 최종적으로는 인사팀 퇴직담당자가 서명해야 마무리된다. 그래야 퇴직 발령이 날 수 있고 퇴직금 수령도 가능하다. 결재를 원활하게 받으려면 업무 인수인계 같은 마무리를 확실하게 하자.

2. 관계

친한 동료들과 식사하기 2~3주 전

: 퇴사 이후에도 계속 연락하면서 지낼 사람이라면 미리 퇴사 소식을 알려주는 것이 좋다. 다른 사람을 통해서 들으면 상당히 서운하게 생각할 수 있기 때문이다. 시간이 있다면 식사를 하면서 말하고 부족하다면 티타임으로 대체해도 좋다. 그동안 서로 바빠서 나누지 못했거나 업무적인 관계 속에서 하지 못했던 이야기들을 허심탄회하게 이야기하자. 이직 경험이 있는 동료라면 첫 이직 때 경험과 시행착오를 얘기해줄 것이다. 이직 선배들의 경험담을 잘 새겨듣자.

퇴사한 동료들에게 연락하기 1주 전

: 계속 연락을 하고 지내는 이전 동료에게도 미리 연락하는 것이 좋다. 이직 시 경험담에 대해서 조언을 들을 수도 있고, 퇴직 시 놓칠 수 있는 부분을 알게 될 수도 있기 때문이다. 또한, 향후 나의 거취에 대해서 공유한다면 생각지 못한 좋은 기회로 연결이 될 수도 있다. 회사 밖에서 어떤 인연으로 이어질지는 아무도 모르기 때문이다.

퇴직 메일 내용 정리하기 1주 전

: 의무는 아니지만, 퇴사자들은 대부분 퇴직 메일을 보낸다. 인연이 있었던 사람들, 함께 협업했던 사람들에게 퇴사 사실을 알리고 감사를 표시할 마지막 기회이기 때문이다. 형식이 정해져 있는 것은 아니지만 제목은 "퇴직 인사드립니다"로 하는 경우가 많고, 내용은 '그동안 선후배들과 회사에 감사했던 점', '본인의 부족했던 점이나 서운하게 했던 부분에 대한 사과', '앞으로도 좋은 인연으로 이어가고 싶다는 희망' 등을 주로 포함한다.

관계 잘 마무리하기 1일 전

: 회사는 작은 사회라서 다양한 관계가 존재한다. 크게 보면 좋은 관계와 나쁜 관계지만 생각보다 복잡하게 얽혀 있는 관계가 많다. 어제의 적이 오늘의 동료이고, 오늘의 동료가 내일의 적이 될 수 있기 때문이다. 하지만 악연은 언젠가 부메랑이 되어 당신의 발목을 잡을지 모른다. 따라서 안 좋았던 관계는 모두 잊도록 잘 마무리하자. 식사하거나 술을 마시며 오해를 풀 수도 있고, 편지로 사과할 수도 있다. 사람 대 사람으로서 진심으로 다가간다면 상대방도 마음을 열 것이다. 반대로 내가 먼저 마음을 열고 상대방을 용서하고 품으려고 노력해보자.

퇴직 메일 수신자 정리하기 1일 전

: 퇴사 당일에는 할 일이 많으므로 메일을 누구에게 보낼지 미리 정리하는 것이 좋다. 정신없이 인사하다 보면 깜빡하고 빼먹은 사람이 생길 수 있기 때문이다. 그러니 최소 하루 전에 조직도를 보면서 여유를 갖고 수신자를 지정하자. 한 가지 팁을 주자면 메일을 작성 후 수신자까지 지정해서 임

시저장 했다가 퇴사 당일에 열어서 보내는 것이 좋다.

퇴직 메일 보내기 ^{당일}

: 퇴사 당일에는 전날 임시 저장한 메일을 열어서 최종적으로 점검해본다. 혹시 수정할 내용이나 오탈자, 놓친 사람은 없는지 확인 후 발송하면 된다. 발송 시점은 퇴근시간 1~2시간 전이 적당하다. 이때 수신자들을 알 수 없도록 개별 발송하는 것이 좋다. 또한, 메일이 확실하게 갔는지 확인하려면 본인의 이름도 수신자에 넣으면 된다. 혹시 나중에 메일 내용을 다시 보고 싶다면 개인 메일 주소도 추가하자.

사무실 돌면서 마지막 인사하기 ^{당일}

: 퇴직 메일은 조금 덜 친하거나 관계가 덜 깊은 사람들에게도 보낸다. 하지만 직접 인사하는 것은 친하고 관계가 깊은 사람들 위주로 한다. 그래서 인사하러 가기 전에는 대상자 리스트를 정리한 후에 가지고 가는 것이 좋다. 특히 정확히 어디에서 근무하는지를 미리 파악하고 가야 동선을 효율적으로 짤 수 있다. 통합사옥이라면 근무하는 층과 자리 위치를 알아야 하고, 여러 사옥으로 나누어져 있다면 어디 건물인지까지 알아야 한다.

팀원들에게 편지 및 선물하기 ^{당일}

: 팀원들이 퇴사자에게 롤링페이퍼나 선물을 주는 경우가 많지만 반대로 퇴사자가 팀원들에게 가벼운 선물과 정성스러운 손편지를 주는 것도 괜찮다. 평소 하지 못했던 말이나 마음에만 담아두었던 속 얘기가 있다면 글로 표현하자. 선물도 부담스럽지 않은 선에서 간식이나 실용적인 선물을

골라보자. 가장 최근에 퇴사한 팀원이 어떻게 했는지를 참고하면 선택하기 쉬울 것이다. 물론 이는 필수가 아니므로 전혀 부담을 가질 필요는 없다.

주변 지인에게 이직 사실 알리기 당일

: 지인들에게 나의 소속이 변경되었음을 알리자. 가장 쉬운 방법은 SNS에 글을 올리거나 새 직장의 사원증 사진을 올리는 것이다. 중요하거나 친한 사람에게는 안부도 물을 겸 전화나 문자 등 개별적으로 연락하는 것이 좋다. 추후 명함이 나오면 상대방을 만날 때 바뀐 기념으로 하나 전달해주자.

3. 개인 – 현 직장

업무자료 소장하기 2~3주 전

: 회사 입장에서 생각한다면 업무자료들이 외부로 유출되면 안 되지만, 개인으로서는 그동안 쌓아온 소중한 경험과 자산을 가지고 나오고 싶어 한다. 새 직장에서 일할 때도 많은 도움이 되기 때문이다. 그래서 퇴사자들은 다양한 방법을 통해서 업무자료를 가지고 나온다. 물론 보안이 철저한 회사라면 징계위원회나 소송에 휘말릴 수 있으므로 시도하지 않는 편이 좋다. 소장하려는 자료가 영업비밀을 침해하거나 인비 人祕가 담긴 자료는 아닌지, 추후 문제가 생겼을 때 책임질 수 있는지 본인이 판단하고 결정하자.

복지 포인트 소진하기 2~3주 전

: 많은 회사가 현금처럼 쓸 수 있거나 구매 시 할인이 되는 복지 포인트를 제공하고 있다. 만약 재직 중에만 사용 가능한 복지 포인트라면 퇴사 전에 다 소진하자. 너무 많아서 다 사용하기가 어려울 것 같으면 다른 사람에게

양도하는 것도 좋은 방법이다.

인사팀 퇴직 면담하기 1주 전

: 퇴직담당자에게 문의하면 퇴직 프로세스에 대해 안내해주는데 그 첫 번째 절차가 퇴직면담이다. 미팅 가능한 일시를 조율하여 진행하는데 만나기 어려운 경우에는 유선으로 하기도 한다. 면담 시에는 주로 퇴직 사유와 회사/조직의 개선점을 물어본다. 퇴직 사유는 이직, 개인사업, 대학원, 휴식, 건강 등이 있고 이 중에서 이직이 가장 많다. 퇴직담당자는 보고하기 위해 어느 회사로 이직하는지 물어보는데, 밝히기 싫다면 굳이 말하지 않아도 된다. 회사/조직의 개선점은 제도와 조직문화, 리더의 문제점과 원인, 해결책을 물어본다. 이때 솔직하게 다 얘기해야 하는지 고민이 들 텐데 회사를 생각한다면 하는 것이 좋겠지만 나 자신만을 위한다면 하지 않는 것이 좋다. 조직은 그렇게 쉽게 바뀌지 않을뿐더러 나가는 사람은 좋게 마무리하는 것이 좋기 때문이다. 하지만 나에게 심각한 피해를 준 문제라면 공식적인 절차와 장치를 통해 합당한 조치를 취해야 한다.

퇴직자 정리사항 안내받기 1주 전

: 퇴직담당자가 퇴직면담 중에 퇴직자 정리사항을 안내해준다. 여기에는 퇴직자 안내문, 퇴직자 정리사항 확인서, 비밀유지 서약서, 퇴직연금제도 가입 사실 확인서, 퇴직급여 청구서, 퇴직원 등이 있다. 보통 퇴직자 안내문에 절차와 제출서류, 상세내용이 정리되어 있으니 원활하게 퇴사할 수 있도록 잘 참고하여 준비하자.

잔여 연차 소진 및 보상받기 1주 전

: 퇴직담당자가 잔여 연차에 대해 미리 파악하여 안내해줄 것이다. 연차를 사용하여 소진할 것인지, 사용하지 않고 돈으로 보상받을 것인지 상황에 따라 판단하여 결정하자.

퇴직금 체크하기 1주 전

: 정규직이나 계약직, 회사 규모에 상관없이 1년 이상 근무할 경우 퇴직금을 받을 수 있으며, 퇴사 후 14일 내에 수령할 수 있다. 일반적으로 퇴직금은 회사마다 DB, DC형으로 운용을 하게 되는데, 어떤 형태로 운용을 하든지 퇴사를 할 때는 IRP 계좌가 필요하다. 퇴직금이 월급통장으로 들어오면 좋겠지만 퇴직 시 IRP 계좌입력은 필수이므로 꼭 만들어야 한다. IRP 계좌는 증권사나 은행에서 모두 개설이 가능하지만, 회사마다 지정하는 증권사/은행이 있을 수 있으므로 미리 확인하고 개설하면 일을 줄일 수 있다.

책상 짐 정리하기 1일 전

: 집에 가져가지 않을 물건들은 전부 버리거나 필요한 사람에게 주되 업무 관련 서류나 물품들은 후임자에게 잘 인계하고 와야 한다. 짐이 많지 않다면 일주일 전부터 매일 조금씩 가지고 퇴근하면 좋다. 하지만 짐이 너무 많으면 퇴직일이나 전날에 차를 가져와서 한 번에 가져가자. 주중이 어렵다면 퇴사 전 주말에 여유롭게 정리하는 것도 좋다.

지원부서에 반납하기 당일

: 업무 관련해서 지원받았던 물품들은 해당 부서에 반납해야 한다. 대표

적으로 사원증, 법인카드, 노트북, 전화, 모니터 등이다. 퇴직자 정리사항 안내문을 꼼꼼히 확인하여 각 담당자에게 반납 후 서명을 받으면 된다. 담당자가 부재중일 수 있으므로 방문 전 미리 연락하고 가는 것이 좋다. 담당자가 없다면 업무대행자에게 제출하고 서명을 받자. 제출이 모두 완료되면 퇴직원을 제출하러 갈 때 같이 제출하면 된다.

퇴직원 제출하기 당일

: 퇴직원은 퇴직을 신청할 때 사용하는 문서를 말한다. 퇴직원에는 인적 사항과 퇴직 사유, 퇴사 일자를 기재하게 되어있으며, 내용 작성이 완료되면 소속 조직의 팀장과 임원의 결재를 받은 후 퇴직담당자에게 제출하면 된다. 최종적으로 인사팀장과 인사 임원까지 결재 완료되면 공식적으로 퇴직원이 수리된다.

4. 개인 – 새 직장

오퍼레터 회신하기 1개월 전

: 채용담당자가 PDF파일 형태의 오퍼레터를 이메일로 보내준다. 제안 내용에 동의한다면 꼼꼼하게 여러 번 확인 후 회신하면 된다. 우선 오퍼레터를 프린트하여 입사 가능 일자를 기재하고 서명하자. 그리고 오퍼레터 서명본을 스캔하여 PDF 형태로 첨부한 후에 메일을 회신하면 된다. 그런데 근로계약서에 서명하기 전까지는 어떤 변수나 문제가 발생할지 모르기 때문에 오퍼레터 서명본을 반드시 잘 보관해야 한다. 참고로 입사 가능 일자는 일단 내 생각대로 기재해서 회신한 후 퇴직면담을 하고 나서 변경사

항이 있다면 바꾸는 것이 좋다.

입사일 조율하기 1개월 전

: 그동안 격무에 시달리면서 너무 지쳤기 때문에 충분히 휴식을 취한 후 입사하고 싶은데, 회사는 최대한 빨리 입사하길 바란다. 그래서 어쩔 수 없이 회사가 원하는 날짜에 맞춰주는 경우가 많다. 입사일을 너무 늦추면 첫 이미지가 좋지 않을까 걱정되기 때문이다. 하지만 새 직장에서 현 직장의 상황을 정확하게 알기는 불가능하다. 따라서 인수인계나 진행 중인 프로젝트 등을 사유로 최대한 미뤄보자. 마무리를 잘하고 가야 새 직장에서 잘 집중할 수 있을 것 같다는 식으로 회유를 하는 것이다. 하지만 이렇게 얘기해도 강경하다면 어느 정도 양보하는 것이 좋다.

입사 안내 메일 받기 2~3주 전

: 오퍼레터 서명본을 회신하면 입사 안내 메일이 오는데 입사 전 챙겨야 할 것들과 입사일에 제출할 것들이 상세히 적혀 있다. 입사 전에는 보통 채용검진을 받아야 하며, 사원증 제작 및 그룹웨어 등록을 위해 증명사진 파일을 제출해야 한다. 입사일에는 입사구비서류를 제출해야 하는데 임박해서 챙기면 챙길 것이 많기 때문에 미리 준비하는 것이 좋다. 목록으로 정리하여 혹시 놓친 것은 없는지 꼼꼼히 점검하자.

입사구비서류 챙기기 1주 전

: 입사구비서류는 신상기록표, 경력증명서, 가족관계증명서, 주민등록등본, 주민등록초본 남성 한정, 졸업증명서, 성적증명서, 통장사본, 증명사진, 개

인정보활용동의서, 서약서 등이 있다. 이 중에서 경력증명서는 퇴사일 이후 전 직장에 요청하여 발급받을 수 있으므로 입사일에 제출이 어렵다면 일단 재직증명서를 냈다가 추후 제출하자. 혹은 건강보험 자격득실 확인서 등으로 대체가 될 수 있는지 채용담당자를 통해 확인하는 방법도 있다.

채용 검진 받기 1주 전

: 채용 검진은 보통 회사와 계약을 맺은 지정 병원에서 실시하는 경우가 많다. 30분 내의 간단한 검사이지만 평소 건강관리를 하지 않았거나 지병이 있어서 재검진 소견이 나올 수 있다. 재검진 이후에도 업무에 심각한 지장이 있다고 판단될 경우 채용이 연기되거나 홀딩 holding 될 수 있으므로 꾸준한 운동과 식습관 조절로 건강을 유지하는 것이 중요하다.

02. 새롭게 충전하기

현재 직장에 다니며 열심히 달려온 당신. 정말 고생 많았다. 새 직장에 들어가기 전까지는 오로지 나만을 위한 시간을 갖자. 기간을 최대한 확보할 수 있다면 좋겠지만 여의치 않다면 하루나 이틀이라도 반드시 기간을 두는 것이 좋다. 그래야 한 호흡 쉬면서 앞으로의 미래에 대해 객관적으로 생각해볼 수 있기 때문이다. 재충전의 방법은 여러 가지가 있지만 주어진 기간과 개인의 선호도, 성향에 맞춰서 결정하면 된다. 각자 하고 싶은 것들을 하면서 다시 시작할 힘을 회복하자.

1. 충분히 휴식하기

아무리 건강하고 체력이 좋아도 쉬지 않으면 결국 언젠가는 문제가 생기고 만다. 입사 전에 주어진 꿀 같은 시간이라고 해서 반드시 무언가 의미 있는 일을 해야 한다는 강박을 버리자. 무조건 휴식을 위한 시간을 확보하는 것이 좋다. 그냥 아무것도 안 하고 집에서 뒹굴거려도 좋고, 온종일 먹고 자고 영화만 봐도 좋다. 적당히 운동하는 것도 괜찮다. 몸을 충분히 이완시키면 정신도 맑아지고 마음에 여유가 생길 것이다.

2. 진짜 해보고 싶었던 것 해보기

시험 기간에 유독 하고 싶은 것이 많아지듯이, 회사를 다니는 동안 퇴사하면 꼭 해보겠다고 생각한 것이 분명 있을 것이다. 아주 사소한 것일 수도 있고, 정말 큰 일일 수도 있다. 사람마다 다르겠지만 마음속에 품었던 것이 있다면 지금 이 순간에 하자. 기회는 언제 또 올지 모른다. 이 시기에 시도했던 것이 당신의 미래에 어떤 영향을 줄지 모른다. 진짜 좋아하는 것을 함으로써 다시 앞으로 나아갈 힘을 얻어보자.

3. 좋아하는 사람들 만나기

사회생활을 하다 보면 서로 바쁘고 여유가 없어서 약속을 잡고 만나기는 쉽지 않다. 아무리 좋아하는 사람이라도 말이다. 하지만 이 시기는 당신이 더 여유가 있기에 먼저 연락해서 적극적으로 약속을 잡아야 한다. 내가 좋아하는 사람, 나를 좋아해 주는 사람을 만나자. 가족들, 친구들, 고마운 사람들에게 찾아가자. 외롭고 힘든 사회생활에서 이런 소중한 내 편과 인연을 만나는 것만으로도 엄청나게 큰 힘이 되고 충전이 될 것이다.

4. 국내외 여행하기

코로나로 인해 많이 제한되었지만, 여행은 또 하나의 좋은 충전 방법이다. 국내나 해외 중에서 평소 꼭 가보고 싶었던 곳이 있었다면 바로 준비해서 떠나자. 단, 장기여행이라면 입사 전에 챙겨야 할 것들을 놓치지 않도록 하는 것이 좋다. 여행은 새로운 환경에서 새로운 사람들을 만나고 적응하는 것이다. 이것은 마치 이직을 앞둔 우리의 상황과 많이 닮았다. 그래서 입사 후 잘 적응할 수 있을지에 대해서 미리 걱정하지 말고 입사는 새로운 여행이라고 생각하면 마음이 편하다.

5. 개인 정비하기

개인 정비는 입사 전에 갖춰 두면 좋을 것들을 미리 준비하는 것이다. 예를 들어, 내가 OA 활용능력이나 영어회화 실력이 부족하다면 강의를 듣고 실습을 하면서 실력을 키울 수 있다. 직무 관련 지식이나 정보가 부족하다면 책을 읽고 모임을 하면서 전문역량을 갖출 수 있다. 또, 평소 지병이 있거나 갑자기 질병이 생겼다면 병원에 가서 치료를 받아야 한다. 은행 업무를 봐야 하는 것이 있다면 이 틈을 활용해서 모두 해결하는 것이 좋다. 꼭 해야 할 것들이 무엇이 있는지 평소에 메모하면서 잘 정리했다가 입사 전에 꼭 마무리 짓자.

03. 새 직장 전략 짜기

이제 새로운 곳에서 다시 시작해야 한다. 이전 직장에서 아무리 업무와 관계를 잘했더라도 새 직장의 상사와 동료는 그런 부분을 전혀 알지 못한다. 따라서 우리는 새 직장에 들어가기 전에 앞으로의 회사 생활에 대한 전략을 짜야 한다. 퇴직 시 구분한 것처럼 업무, 관계, 개인 측면에서 전략을 생각해보자.

1. 업무

- 일과 직장의 의미 : 나에게 일은 어떤 의미인가?
- 커리어 골, 커리어 패스와 업무를 어떻게 연결할 것인가?
- 어떤 업무를 통해서 성과를 낼 것인가?
- 어떤 업무영역을 새롭게 경험해볼 것인가?
- 어떤 부분을 강화하고, 어떤 부분을 보완할 것인가?

2. 관계

- 나에게 직장생활에서의 관계는 어떤 의미인가?
- 어떤 페르소나^{가면} 를 쓰고 사람들을 대할 것인가?
- 사람들에게 어떤 사람으로 보이고 싶은가?
- 관계를 잘 유지해야 하는 사람은 누구인가? ^{사내/사외}
- 어떤 부분을 강화하고, 어떤 부분을 보완할 것인가?

3. 개인

- 워라밸을 어떻게 가져갈 것인가?

- 커리어를 발전시키기 위해 개인적으로 어떤 시도와 노력을 할 것인가?

- 3/5/10년 뒤 나의 모습은 어떨 것으로 예상하는가?

- 은퇴 후 하고 싶은 일은 무엇이고, 그것이 지금 하는 일과
  어떻게 연결되는가?

- 1년에 돈을 얼마 정도 모을 수 있는가?

현재 직장에 다니며 열심히 달려온 당신. 정말 고생 많았다.

새 직장에 들어가기 전까지는 오로지 나만을 위한 시간을 갖자.

각자 하고 싶은 것들을 하면서 다시 시작할 힘을 회복하자.

01	깔끔하게 마무리하기
02	새롭게 충전하기
03	새 직장 전략 짜기

야, 너도 다른 회사에 갈 수 있어

9장.

수습기간 동안
잘 지내봅시다

01	입사일에 해야 할 일들
02	3개월간 가장 먼저 파악할 것들
03	3개월간 절대 하지 말아야 할 것들

● ● ● 입력 중

01. 입사일에 해야 할 일들

드디어 입사일이다. 정보와 인맥이 부족한 곳으로 가기 때문에 다시 신입사원이 된 것처럼 긴장될 수밖에 없다. 하지만 입사일에는 챙겨야 할 것들이 많으므로 정신을 집중해야 한다. 가장 중요한 근로계약서 서명부터 당장 업무를 위해 필요한 IT환경 세팅까지 어떻게 하면 좋을지 살펴보자. 안내된 장소에 도착하면 채용담당자가 근로계약서 내용에 대해 상세히 설명한다. 이때 체크해야 할 부분은 다음과 같다.

구분	체크포인트	비고
계약형태	정규직/계약직 여부	
계약기간	시작일/종료일	정규직인 경우 별도 종료일 없음
계약연봉	- 총 금액, 세부항목별 금액 - 별도 추가수당(사이닝/리텐션 보너스) - 급여 지급일, 다음 연봉 조정일	오퍼레터와 일치여부 확인 (차이 발생 시 채용담당자에게 확인 후 조치 요청 필요)
직군/직위/연차	- 사무직/전문직/사무지원직 등 - 다음 연차 조정일	
소속/직무	최초 지원한 부서/직무와 일치여부	- 만약 다르면 사유 파악 필요 - 단순 명칭변경은 상관없음
기타	- 근무시간(소정근로시간, 포괄임금제) - 수습기간(개월수, 급여지급율)	

근로계약서 작성이 끝났다면 오리엔테이션이 진행될 것이다. 채용담당자가 회사의 전반적인 사항과 인사/복리후생 제도를 설명해주는 시간이다. 이때 진행되는 사항은 다음과 같다.

진행사항	세부설명
입사구비서류 제출	신상기록표, 신분증/통장 사본, 졸업/성적증명서, 각종 서약서 등 기존 안내받은 서류를 준비 및 출력하여 제출 (단, 경력증명서는 퇴직일 이후에 전 직장 인사팀에 요청하여 받을 수 있다.)
신규입사자 가이드북 설명	조직구조, 인사제도, 복리후생제도, 지원부서 담당자 연락망 등
Q&A	설명 간 궁금했던 부분에 대해 질문하여 정확하게 파악/확인 필요

오리엔테이션이 끝나면 부서에서 당신을 인솔하러 올 것이다. 부서 막내가 올 수도 있고, 팀장이나 선임급이 직접 올 수도 있다. 첫인상에서 당신에 대한 이미지가 어느 정도 결정되므로 이때가 꽤나 중요하다. 미소를 지으며 겸손하고 친절한 태도와 말투로 대하자. 안내를 받아서 부서에 가면 어색한 분위기가 느껴질 것이다. 동료들은 신규입사자가 어떤 사람인지 궁금하지만 먼저 살갑게 대하는 경우는 많지 않다. 자리에 짐을 내려놓으면 일단 팀장과 담당 임원에게 인사하며 당신의 존재를 알리자. 그리고 나서 나머지 팀원들과 같은 층에 있는 사람들에게도 인사하자.

인사가 끝났다면 이제 IT 환경을 세팅해야 한다. 노트북과 인터넷 없이는 아무런 업무를 할 수 없기 때문이다. 하드웨어적으로는 가장 편한 자세로 일할 수 있도록 책상과 노트북을 세팅하자. 듀얼 모니터가 익숙한 사람이라면 ICT 부서를 통해서 구하는 것이 좋다. 이외에도 네트워크 및 키보드 세팅, 프린터 설치 등이 필요하다. 소프트웨어적으로는 빠른 업무 처리를 위해 그룹웨어에 익숙해지는 것이 중요하다. 모바일 앱도 있다면 반드시 설치하자. 이외에도 아웃룩 설치, 폴더 정리, 문서보안 시스템 로그인, 업무시스템 권한 요청, 파일 및 업무현황 인수인계 받기 등 할 일이 많다.

신입사원 때처럼 관심을 많이 주고 하나하나 챙겨주면 좋겠지만 아무도 신경 써주지 않을 수 있다. 다들 바쁘기 때문에, 혹은 경력사원이니 알아서 잘하리라 생각하고 내버려 두는 것이다. 그러니 너무 서운하거나 조급하게 생각하지 말자. 대신 여유를 가지면서 전체적으로 천천히 둘러보고 조직과 업무 전반을 파악하기 위해 노력하자. 일단 전사 조직도를 보면서 전체적인 조직 구성이 어떻게 되어있는지 살펴보자. 그리고 담당 임원과 팀장, 팀원들의 연락처를 저장하면서 얼굴과 이름을 익히자.

02. 3개월간 가장 먼저 파악할 것들

첫 이직이기 때문에 모든 것이 낯설고 어렵다. 전 직장에서는 익숙해서 쉽게 할 수 있었던 것들도 새 직장에서는 잘 모르기 때문에 하나하나 할 때마다 쉽지 않다. 특히 입사 후 3개월의 수습 기간 동안은 외롭고 긴장되고 불안하기 때문에 많은 에너지가 소모된다. 하지만 그 기간만 잘 버텨내면 이후에는 조금씩 익숙해질 것이다. 인간은 적응의 동물이 아니던가. 아래는 수습 기간 동안 가장 먼저 파악해야 할 것들이다. 빠르게 적응하여 성과를 내기 위해 꼭 알아야 할 것들을 회사,

조직, 사람, 업무로 구분하여 정리했으니 스스로 챙겨보자.

회사	조직
• 회사의 일하는 방식 • 사내 소통 방식 • 목표 수립, 평가 기준 • 사업계획 수립 기준 및 방법	• 보고서 형식 • 보고 방법 • 비용 사용 규정, 처리 방법 • 팀 내 업무 R&R
사람	**업무**
• 팀장의 성향과 업무 스타일 • 팀원 간 관계 • 팀원별 성격, 업무 스타일 • 실세 공채사원	• 전체 업무 프로세스 • 히스토리 (기안, 자료 검색) • 내·외부 협업 담당자 • 강화/개선/제거할 포인트

1. 회사

회사의 일하는 방식

: 회사는 저마다 일하는 방식이 다르다. 그리고 일하는 방식에 가장 큰 영향을 미치는 것은 바로 대표이사다. 대표이사가 어떤 가치관과 철학, 목표를 가지고 회사를 운영하는지에 따라 회사의 일하는 방식이 크게 바뀌기 때문이다. 따라서 일을 쉽게 하려면 대표이사의 의사결정 스타일을 알아야 한다.

당신의 업무 중요도가 높을수록 담당 임원이 대표이사에게 보고하는 건이 많아지는데 의사결정을 내리는 사람의 눈높이와 입맛에 맞춰서 보고서를 준비한다면 결재받을 확률이 높아지기 때문이다. 일을 잘하는 사람은 팀장이 아닌 임원을 보고 일하며, 탁월하게 잘하는 사람은 임원이 아닌 대표이사를 보고 일한다.

사내 소통 방식

: 조직문화와 일하는 방식에 따라 소통 방식도 달라진다. 보수적인 회사는 담당자가 임원과 직접 소통하기보다는 팀장을 통해서 하는 반면, 개방적인 회사는 임원과 자유롭게 난상토론을 하기도 한다. 문제가 있을 때 인간관계를 이용해서 소통하면 매우 쉽게 해결되는 회사도 있고, 무조건 규정과 절차에 따라서 소통해야 해결되는 회사도 있다. 이것은 개인이 쉽게 바꿀 수 없으므로 입지를 다지기 전까지는 일단 적응하고 따르는 수밖에 없다.

목표 수립 및 평가 기준

: 우리는 매년 목표를 수립하고 상사로부터 평가를 받는다. 먼저 목표는 1년 동안 내가 만들어야 하는 성과이기 때문에 충분히 고민하여 수립해야 한다. 내가 중요하다고 생각하는 것과 상사가 중요하게 생각하는 것, 내 업무의 고객에게 필요한 것을 종합적으로 고려하여 명분과 실속 있는 목표를 균형 있게 수립해야 한다. 이직해서 이 모든 것을 다 파악하기란 쉽지 않기 때문에 최대한 많은 이야기를 들어보고 다양한 정보를 수집해서 판단해야 한다.

평가는 보상과 승진, 교육 등 많은 부분과 연계되어 있으므로 직장인에게 매우 중요한 부분이다. 하지만 평가는 상사가 하는 것이다. 따라서 상사가 무엇을 중요하게 생각하는지, 어떤 결과가 나와야 성과라고 생각하는지, 어떤 기준에 따라서 평가를 하는지를 알아야 한다. 나 혼자만 잘했다고 좋아하는 성과는 아무 의미가 없기 때문이다. 평소 상사의 말을 듣다 보면 그 기준이 무엇인지 서서히 알게 될 것이다. 가능한 한 빨리 파악할 수 있도록 노력하자.

사업계획 수립 기준 및 방법

: 목표와 평가가 개인의 측면에서 중요하다면 사업계획은 조직의 측면에서 중요하다. 짧게는 분기, 길게는 3년간 어떤 것을 조직의 미래 먹거리로 삼을 것인지 정하는 것이기 때문이다. 사업계획은 보통 1년 단위로 수립하며, 매년 11월쯤에 담당 임원이 올해 리뷰와 내년도 계획을 경영진에게 보고한다. 구체적으로 내년 매출/이익 목표와 그것을 달성하는 데 필요한 예산/인원계획 등이 포함된다. 이직한 회사에서는 어떤 기준으로 이것들을 수립하고 보고하는지 공지된 안내문과 최근 3개년 사업계획 보고자료, 상사의 가이드를 통해 파악해보자.

2. 조직

조직의 일하는 방식

: 회사의 일하는 방식과 마찬가지로 같은 회사 내에서도 조직마다 일하는 방식이 다르다. 여기서 가장 영향을 미치는 것은 바로 담당 임원이다. 임원이 어떤 가치관과 철학, 목표를 가지고 조직을 운영하는지에 따라 조직의 일하는 방식이 크게 바뀌기 때문이다. 따라서 일을 쉽게 하려면 임원의 의사결정 스타일을 알아야 한다. 팀장과 함께 임원 보고를 들어갈 기회

가 있다면 어떤 스타일인지 직접 확인할 수 있다. 기회가 별로 없다면 임원 보고를 자주 하는 동료에게 물어봐서 간접적으로 파악하는 방법이 있다.

보고서 형식 및 보고 방법

: 담당 임원의 성향에 따라서 조직의 보고서 형식이 달라진다. 어떤 임원은 1장짜리 핵심 보고서를 원하고, 어떤 임원은 수십 장의 꼼꼼한 보고서를 원한다. 또 어떤 임원은 PPT로 된 보고서를 달라고 하고, 어떤 임원은 워드로 된 보고서를 달라고 한다. 이러한 이유로 임원이 바뀌면 거기에 적응하느라 한동안 어려움을 겪는다. 그런데 처음 이직을 하면 임원뿐만 아니라 모든 것이 바뀌기 때문에 더욱 적응하기 쉽지 않다. 아예 처음부터 새롭게 시작한다고 생각하고 빠르게 적응하려고 노력하자.

비용 사용 규정, 처리 방법

: 업무를 처리하다 보면 비용이 들 수밖에 없다. 그러나 조직마다 할당된 예산이 다르고 제한되어 있으므로 비용 사용 규정을 제대로 알고 사용해야 한다. 먼저 회사의 규정을 숙지하자. 계정별로 어떻게 사용하고 처리해야 하는지 모르겠다면 회계팀 담당자에게 물어보면 된다. 매뉴얼이 있다면 꼼꼼히 읽어보자.

다음으로 부서의 룰을 알아야 한다. 이는 팀장의 성향에 따라 많이 달라지는데, 비용 사용에 있어서 관대한 팀장은 팀원들에게 권한 위임을 많이 한다. 신뢰를 기반으로 스스로 판단하도록 한 것이기 때문에 오히려 책임감 있게 사용하는 경우가 많다. 반대로 엄격한 팀장은 전표 하나하나를 다

보면서 꼼꼼히 확인한다. 그래서 남용하거나 악용하는 경우는 없지만, 비용을 쓸 때마다 일일이 보고해야 해서 팀원의 판단력이 길러지지 않는다. 나의 팀장은 어떤 성향인지 잘 살펴보고 그에 맞추자.

팀 내 업무 R&R

: 팀원들이 각자 어떤 업무와 역할을 맡고 있는지 파악하는 것이 중요하다. 먼저 팀의 전체적인 업무 프로세스를 알기 위해서다. 그러면 협조를 구해야 할 경우 누구에게 요청해야 하는지 알 수 있고, 새로운 일이 맡겨지거나 문제가 생겼을 경우 누가 맡고 책임져야 하는지도 판단할 수 있다. 다음으로 향후 커리어패스를 구상하기 위해서다. 직위와 연차에 따라 업무와 역할이 구분된 팀이라면 이후에는 바로 위 선배의 일을 맡게 될 가능성이 크다. 반면 능력에 따라 일을 맡게 된다면 다른 팀원이 맡은 일을 한번 해보고 싶다고 어필해볼 수도 있을 것이다.

3. 사람

팀장의 성향과 업무 스타일

: 팀원으로서 가장 많은 영향을 받게 되는 것은 단연코 팀장의 성향과 업무 스타일이다. 직장생활의 반 이상은 어떤 팀장을 만나느냐가 결정한다고 봐도 무리가 아니다. 팀장은 나의 1차 고과권자이고, 인사 권한을 가지고 있기 때문이다. 내가 하는 모든 업무는 팀장의 결재를 받지 못하면 추진할 수 없으며, 스스로 잘했다고 생각해도 팀장이 인정하지 않으면 좋은 평가를 받을 수 없다.

면접을 볼 때 팀장의 대략적인 스타일은 파악해볼 수 있으나 막상 입사해서 업무 지시를 받다 보면 생각했던 모습과 전혀 다를 수 있다. 하지만 이미 입사했기 때문에 달리 방도가 없다. 부모를 선택할 수 없듯이 팀장도 선택할 수 없기 때문에 가급적 맞추는 것이 좋다. 나와 전혀 상반된 성향이라면 팀장의 약점을 나의 강점으로 커버하려고 노력하고, 반대로 비슷한 성향이라면 강점을 극대화하여 좋은 성과를 같이 만들어 가보자.

팀원 간 관계

: 팀원들을 유심히 지켜보면 서로 어떤 관계인지 눈에 보인다. 누가 누구를 좋아하는지 싫어하는지, 누가 가장 인정받고 있고 무시당하는지, 누가 가장 고생하고 있고 대충하는지 말하지 않아도 서로 다 알고 있다. 대화하다 보면 은연중에 드러나기 때문에 확실히 파악하게 된다. 하지만 다른 사람의 말을 듣고 절대 그 사람을 판단하지 말자. 내가 직접 겪어보고 판단해도 늦지 않다.

또한, 적을 만들지 말고 두루두루 잘 지내자. 팀원들과 안 좋게 지내서 좋은 것은 하나도 없다. 하루 중 가족보다 많은 시간을 함께 보내는 사람들이므로 좋은 관계를 유지하며 재미있게 일하는 것이 좋다. 물론 각자의 성향과 친밀도가 다르므로 모든 팀원과의 관계가 다 좋기는 쉽지 않다. 하지만 서로 존중하며 기본적인 예의만 지킨다면 충분히 잘 지낼 수 있다.

팀원별 성격, 업무 스타일

: 팀원들과 함께 업무를 하다 보면 각자의 성격과 업무 스타일이 나온다.

이직 초반에는 내 성격을 너무 드러내지 말고 일단은 모두에게 친절하고 겸손하게 대하자. 내 주장만 너무 펼치거나 내 일이 가장 중요하다고 우선시하는 모습을 보이지 말자. 그런 모습을 보인다면 금세 팀 내에서 이상한 사람이라고 소문이 날 것이다. 상대방의 일도 중요하고 그의 입장도 있다는 것을 항상 생각하고 배려하자.

실세 공채사원

: 팀이나 같은 사업부 내에 실세 공채사원이 한두 명은 반드시 있기 마련이다. 이런 사람과 좋은 관계를 맺으면 매우 좋다. 처음 이직한 경력직이 가장 어려운 부분은 사람을 잘 모른다는 것이다. 그런데 공채사원과 친하게 지내면 그를 통해서 다양한 부서의 사람들을 쉽게 사귈 수 있다. 같은 업무를 하더라도 관계를 잘 다져 놓는 것과 그렇지 않은 것은 그 과정과 결과에 큰 차이가 발생할 수밖에 없다.

누가 실세 공채사원인지 조금만 지켜보면 금방 보이지만 쉽게 알 수 있는 몇 가지 특징이 있다. 일단 아는 사람이 매우 많다. 그리고 업무뿐만 아니라 내부 시스템과 히스토리, 예외사항에 대해서 누구보다 잘 알고 많이 안다. 무엇보다도 상사들과의 관계가 좋고 소통을 잘 한다. 주변에 이런 사람이 있다면 어떻게 해서든 친해지려고 노력하자.

4. 업무

전체 업무 프로세스

: 내 일에 대해서는 주인이 되어야 한다. 누구보다 전문가로서 모습을 보

여주기 위해서는 전체적인 업무 프로세스를 파악해야 한다. 경력직은 대부분 직무에 대한 지식과 경험은 풍부하더라도 해당 회사와 조직의 업무 프로세스에 대해서는 잘 모른다. 그래서 초반에는 적합한 기획이나 운영을 하지 못하는 경우가 많다. 따라서 먼저 큰 틀에서 어떻게 업무가 흘러가는지 보고 거기에 직무 전문성을 가미하여 성과를 내려고 노력하자.

히스토리

: 업무 프로세스와 더불어 히스토리를 모르면 반쪽짜리 업무를 하고 있는 것이다. 그래서 기존의 기안과 자료들을 통해 조직과 업무에서 예전에는 어떤 일들이 있었는지 충분히 파악하는 것이 중요하다. 팀 공유 폴더와 전자결재 부서완료함을 한 번 쭉 검색해보고, 업무자료는 팀장이나 업무 인계자에게 최대한 받아서 꼼꼼히 숙지하자.

내외부 협업 담당자

: 빠르게 업무에 적응하고 성과를 내기 위해서는 사내에 유관부서가 어디인지, 각 업무별 담당자는 누구인지 파악해야 한다. 따라서 팀장이나 업무 인계자에게 부탁하여 협업 담당자와 인사하는 자리를 마련하자. 얼굴을 한 번 보는 것과 안 보는 것은 업무 협조도에서 생각보다 많은 차이를 가져온다.

외부 담당자들도 마찬가지다. 거래하는 업체나 전문가가 있다면 얼른 명함을 만들어서 미팅을 잡자. 처음 만나면 얼굴과 이름을 익히고 앞으로 잘 부탁한다고 반드시 인사하자. 거래처가 보통 우리 회사와만 일하는 것이 아니므로 한 번 만나는 것과 안 만나는 것은 상대방의 업무 우선순위에서 생각보다 많은 차이를 가져온다.

강화/개선/제거할 포인트

: 일을 시작하게 되면 우선 내 업무에서 핵심목표가 무엇인지 팀장과 의견일치를 이루자. 그러고 나서 그 업무에서 강화할 점, 개선할 점, 제거할 부분이 무엇인지 분석하고 기획하여 보고 후 실행에 옮기자. 경력직으로서 강렬한 인상을 주기 위해서는 기존과 다른 무언가를 해야 하고 실제로 그것이 의미와 영향력이 있어야 한다. 그렇기에 상사와 연계된 업무를 우선순위로 하는 것이 강한 인상을 줄 수 있는 지름길이다.

03. 3개월간 절대 하지 말아야 할 것들

첫 이직은 생각보다 많이 힘들다. 여러 가지로 너무 다르고 끊임없이 비교되기 때문이다. 그래서 여기로 이직한 것이 잘한 결정인지 계속해서 불안한 마음이 든다. 이렇게 마음을 잡지 못한 상태에서는 하지 말아야 할 실수를 범하기 쉽다. 하지만 패는 이미 던져졌다. 우리는 이미 퇴사했고 새로운 곳에 입사했다. 그러므로 마음에 들지 않더라도 어떻게 해서든 적응해서 살아남고 성과를 내서 인정받아야 한다. 특히 수습 기간 3개월 동안에는 더욱 주의를 기울여야 한다.

1. 속단하지 말기

회사는 겉으로 볼 땐 다 좋아 보인다. 대외적으로는 포장된 모습만 보여주고, 헤드헌터나 회사는 일단 입사시키기 위해 좋은 말만 하기 때문이다. 그래서 회사에 너무 기대하고 들어가면 분명히 실망한다. 하지만 어느 회사/조직이나 장단점이 있으므로 조금 더 경험해보고 판단해도 늦지 않다. 잘 모르거나 익숙하지 않아서 착각하는 것일 수도 있기 때문이다.

회사와 조직마다 바로 일을 줄 수도 있고 적게 줄 수도 있고, 아예 안 줄 수도 있다. 하지만 너무 당황하지 말고 일단 주어진 일들에 대해 묵묵히 해 나가자. 만약 주어진 일이 너무 많다면 중심을 잘 잡으면서 최대한 빠르게 조직과 업무를 파악해 나가야 한다. 필요하다면 초반에는 개인 시간을 할애해서라도 노력하는 것이 좋다. 반대로 주어진 일이 너무 적거나 없다면 스스로 파악하기 위해 노력하자. 핵심자료를 달라고 해서 숙독하고 분석하고 곱씹자.

2. 내 패를 다 보여주지 말기

나중에 또 이직할 수 있겠지만 대부분은 오랫동안 잘 다녀보려고 들어온다. 그런데 입사 초반부터 인정받아야 한다는 압박감에 무리하는 사람이 있다. 하지만 조금 더 중장기적인 시각을 가지고 천천히 가도 된다. 초반에는 당신이 가진 능력의 70%~80%만 보여줘라. 처음부터 90%~100%를 다 보여주면 금세 패가 드러난다. 그러면 스스로 계속 발전하지 않는 한 이후가 힘들어진다. 그리고 자신도 너무 빨리 지친다. 입사 후 1개월간은 일단 지켜보자. 2개월부터는 조금씩 바꿔보고 3 개월이 되면 그때부터 본격적으로 바꾸고 성과를 만들어보자.

3. 약점 드러내지 말기

굳이 일부러 약점을 드러낼 필요는 없다. 최대한 강점 위주로 주목받도록 말하고 행동해라. 약점을 반복적으로 보여주다 보면 안 좋은 이미지가 굳어진다. 사람은 긍정적인 것보다는 부정적인 부분에 더 끌리기 마련이다. 자극이 더 강하기 때문이다. 따라서 첫 직장에서 알게 된 약점이 있다면 최대한 보완해보고 드러나지 않도록 주의하자.

4. 전 직장 이야기하지 말기

새로운 곳에서 이전 직장의 이야기를 하는 것은 절대 좋지 않다. 이곳은 이곳만의 이유가 있고, 이곳만의 상황이 있다. 얼마 겪어보지 않은 상태로 섣불리 판단하고 전 직장과 비교하는 것은 위험한 발언이 될 수 있다. 그리고 그 말을 듣는 사람들이 기분 나쁠 수도 있다. 업무적인 이야기를 할 때는 "전 직장에서는 이랬다."라는 말보다는 "일반적으로는 이렇다고 알고 있다." 또는 "대부분의 기업에서는 이렇게 하는 것 같다."라고 간접적으로 표현하는 것이 좋다. 또한, 전 직장의 사람에 관해서 이야기하지 않은 것이 좋다. 특히 험담은 절대 하지 말자. 듣는 사람은 은연중에 '나중에 나에 대해서도 이렇게 험담할 수 있겠구나.'라고 생각하기 때문이다.

5. 지각하지 말기

초반이기 때문에 업무는 크게 두드러지지 않지만, 근태 같은 기본적인 부분은 태도의 문제이기 때문에 눈에 굉장히 잘 띈다. 우리는 아직 출근길이 익숙하지 않기 때문에 연착, 사고 등 어떤 돌발 상황이 있을지 예측하기가 어렵다. 그래서 절대 지각하지 않도록 좀 과하게 일찍 나오는 것이 차라리 낫다. 초반 일주일 동안에는 동료에게 물어보고, 검색하고 다양하게 시도해서 최적의 출근 루트를 찾기 위해 노력하자.

01	입사일에 해야 할 일들
02	3개월간 가장 먼저 파악할 것들
03	3개월간 절대 하지 말아야 할 것들

야, 너도 다른 회사에 갈 수 있어

10장.

본 게임은
이제 시작이다

01	용병으로서 내가 기여할 것들
02	이 곳에서 얻을 경험들
03	나와 함께 갈 사람들

● ● ● 입력 중

01. 용병으로서 내가 기여할 것들

첫 이직을 한 당신. 이제는 더 이상 관리받던 신입사원이 아니다. 바로 업무에 투입되어 한 사람 혹은 그 이상의 몫을 너끈히 해내야 하는 용병이다. 경력사원을 뽑는다는 것은 그들의 경험을 사는 것이기 때문에 용병으로서 회사와 조직에 내가 무엇을 기여할 수 있는지 생각해야 한다.

따라서 우선 목표를 잘 정해야 한다. 방법이나 시기의 차이는 있겠지만 어느 회사나 매년 업무목표를 수립한다. 회사 → 사업부 → 팀 → 개인 순으로 Top-down식인 경우도 있고, 개인 → 팀 → 사업부 → 회사 순으로 Bottom-up식인 경우도 있다. 순서야 어찌 되었든 우리의 목표는 조직과 회사와 연결되어 있으므로 전체적인 목표와 방향이 무엇인지를 알고 그와 일치하는 목표를 수립해야 한다. 이를 위해서는 전체를 볼 수 있는 눈을 가져야 한다.

궁극적으로 우리는 수립한 목표를 달성해서 성과를 창출해야 한다. 새로운 환경과 상황에 내가 가진 기존의 지식과 경험들을 잘 버무려서 시너지를 내는 것이 중요하다. 완전히 새로운 것을 만들어내기는 쉽지 않기 때문에 기존의 것들을 참고해서 발전시켜 나갈 수밖에 없다. 전 직장에서는 볼 수 없었던 부분들을 접하면서 새로운 경험과 성과를 낼 수도 있다.

반면에 전 직장과는 달리 제한되는 부분들이 있어서 전보다 못한 퍼포먼스를 낼 수도 있다. 특히 첫 이직인 사람은 바로 성과를 내기가 매우 어렵다. 기존 회사에서 핵심인재였던 사람이라도 마찬가지다. 같은 업종이라면 그나마 낫지만 다른 업종으로 이직하는 경우에는 적응하는 데만 해도 최소 3개월은 걸린다. 기존 회사에서 잘했던 것은 환경과 사람이 익숙했던 것도 한몫했기 때문에, 이참에 나의 진짜 실력을 볼 수 있는 기회라고 생각하면 된다. 쉽지 않겠지만 이 모든 것이 우리에게 소중한 경험이 되므로 겸허히 받아들이고 더 나은 성과를 내기 위해서 계속해서 노력하자.

02. 이곳에서 얻을 경험들

3개월 동안의 수습 기간이 지나면 회사/조직/업무가 어느 정도 파악된다. 그렇다면 그것을 바탕으로 내가 이곳에서 무엇을 얻을 수 있을지도 생각해볼 수 있다. 이를 위해서 이직을 결심했을 때 세웠던 원칙을 복기해보자. 원칙에 근거해서 이곳에 입사하기로 결정을 내렸지만, 막상 이직해서 바라본 회사와 조직, 업무는 밖에서 생각했던 것과는 조금 다를 수 있다. 그러므로 사격할 때 영점을 맞추듯이 실제 상황에 맞도록 원칙을 다시 한번 세워보자. 처우에 대한 부분은 이직하면서 어느 정도 충족시켰기 때문에 경험에 대한 부분을 구체적으로 생각하면 좋다.

먼저 업무의 깊이 측면에서 좀 더 파고들 수 있다. 기존에 운영 업무 위주로 많이 해봤다면 이번에는 기획 업무를 더 해볼 수 있고, 가장 성과를 잘 냈거나 흥미를 느꼈던 업무가 있다면 이곳에서 새로운 시도를 해볼 수도 있다. 다음으로 업무의 영역 측면에서 좀 더 넓게 확장할 수 있다. 기존에 해보지 못했던 영역, 기존에 해봤지만 얕게 경험했던 영역을 새롭게 경험함으로써 전문성을 강화할 수도 있다. 당신이 새로운 회사에서 얻고 싶은 경험은 무엇인가?

03. 나와 함께 갈 사람들

직장생활하면서 마음을 터놓고 이야기할 수 있는 관계를 갖기는 쉽지 않다. 넓게 보자면 모두가 경쟁자이기 때문이다. 또 업무로 연관되어 있다 보면 좋은 일만 있는 것이 아니고 갈등도 생기기 마련이다. 혹은 관계가 틀어졌을 때 나의 약점이 드러날 위험도 있다. 그래서 직장에서의 관계는 한 치 앞을 예측할 수 없다. 특히 첫 직장을 벗어나 경력직이 되는 순간부터 이를 체감하게 된다. 첫 직장에서의 관계는 대부분 일로 얽힌 관계이거나 시간이 만들어준 관계다. 따라서 회사를 그만두게 되면 끊어질 관계들이 대다수다. 이 중에서 나를 좋아해 주는 사람들, 내가 좋아하는 사람들을 잘 솎아내 보자.

그러나 직위와 직책이 올라갈수록 관계는 점점 더 중요해지므로 상사, 동료, 부하와 두루 친밀한 관계를 가져야 한다. 사람은 본능적으로 자기와 잘 맞고 도움이 되는 사람을 알아차리고, 지속해서 그것을 검증해 나간다. 앞으로 함께 하고 싶은 사람을 은연중에 추리는 것이다. 물론 상대방도 같은 생각이라면 좋겠지만 그것은 통제할 수 없는 영역이다. 따라서 계속 이어가고 싶은 관계라면 'Give & take'를 하려고 하지 말고 'Give & no take'를 하자.

한편 사내든 사외든 친밀한 관계보다 느슨한 관계가 더 도움이 될 수 있다. 스탠퍼드대 마크 그라노베터 교수는 <약한 연결의 힘>이라는 논문을 발표했는데, 느슨한 관계가 특정한 상황에서 더 강점을 발휘한다고 주장한다. 친밀한 관계는 동일한 네트워크에 속해 있어서 새롭고 가치 있는 정보를 얻기 어렵다. 반면에 느슨한 관계는 서로 다른 관계에 속해 있기 때문에 새로운 정보를 얻을 수 있고, 내가 접할 수 없는 기회를 얻을 가능성도 크다. 따라서 새로운 회사에서는 다른 부서 사람들과, 사외에서는 다른 직업/업종/회사 사람들과 느슨한 관계를 유지하면서 서로 도움을 주고받자.

3개월 동안의 수습 기간이 지나면 회사/조직/업무가 어느 정도 파악된다.
그것을 바탕으로 내가 이곳에서 무엇을 얻을 수 있을지도 생각해볼 수 있다.
당신이 새로운 회사에서 얻고 싶은 경험은 무엇인가?

다 사람 사는 곳이다

한 회사만 쭉 다니다가 새로운 곳으로 옮기면 누구나 걱정과 두려움을 가질 수밖에 없다. 환경, 사람, 방식 등 모든 것이 낯설어서 미지의 공포가 있기 때문이다. 그래서 어느 정도 적응하는 3개월 정도까지는 항상 긴장되고 조심스러워서 몸과 정신이 피곤하다. 하지만 이 세 가지를 기억하면 걱정할 필요가 없다.

첫째, 어디를 가도 다 사람 사는 곳이다. 그래서 겉에서 보면 많이 달라 보이지만 막상 실제 들어가서 경험해보면 큰 차이는 없다.

둘째, 우리는 생각보다 적응력이 뛰어나다. 정신없이 몇 개월 일하다 보면 어느새 수습 기간도 끝나고 1년이 넘어가 있을 것이다.

셋째, 나 자신을 믿어라. 이곳에 붙을 만했기 때문에 붙었다는 사실을 잊지 말고 자신감을 갖자. 그리고 이직을 결심했을 때와 합격했을 때의 마음가짐을 기억하자.

당신의 성공적인 이직을 진심으로 응원한다.

저자 잇쭌

부록

1. 나만의 이직 원칙 수립을 위한 질문 50
2. 선배 이직러가 들려주는 경험담 인터뷰
3. 입사 지원 시 활용하는 이력서 및 경력기술서 표준양식
4. 실전에서 바로 써먹는 연봉협상 비밀자료 3종 세트
5. 성공적인 연봉협상을 위한 이메일 작성법

---

instagram it_jun1

mail it_jun@naver.com

부록 파일 다운로드   잇쭌의 오픈채팅방

부록 1. 나만의 이직 원칙 수립을 위한 질문 50

아래 질문들을 통해 이직에 대해 나만의 원칙을 명확하게 세워보자. 모든 질문에 대해 다 답할 필요는 없다. 쭉 읽어 내려가면서 마음에 와 닿거나 눈에 띄는 부분이 있다면 그 질문에 대해서 심도 있게 생각해보자. 만약 그런 질문이 없다면 육하원칙을 활용해서 나만의 질문을 직접 만들어서 생각해보는 것도 좋은 방법이다.

[WHY]

No	질문	답변
1	나는 왜 일을 하지?	
2	왜 회사에 다니지?	
3	왜 지금의 회사로 오게 됐지?	
4	왜 이직을 결심하게 됐지?	
5	왜 여기서 이직하는 것이 최선의 대안이라고 생각하지?	
6	왜 하필 지금 이직하려고 하지?	
7	왜 굳이 이 회사로 이직하고 싶지?	

[WHO]

No	질문	답변
1	나는 지금 회사에서 누구 때문에 이직하려고 하지?	
2	나와 가족, 동료, 상사 중에서 누구를 위해서 이직하려고 하지?	
3	누구에게 이직에 대한 구체적이고 실질적인 조언을 구하지?	
4	내가 이직하고자 하는 회사에 아는 사람은 누가 있지?	
5	누가 나의 이직 롤모델이고 벤치마킹해 볼 만하지?	
6	내 주변에 이직에 성공한 사람과 실패한 사람은 누가 있지?	
7	새로운 곳에서 나는 어떤 사람이 되고 싶지?	
8	퇴사해도 계속 좋은 관계를 유지할 사람은 누가 있지?	

[WHAT]

No	질문	답변
1	나에게 가장 중요한 가치는 무엇일까?	
2	이직을 통해서 구체적으로 무엇을 얻고 싶을까?	
3	이직하면 내가 포기해야 할 것은 무엇일까?	
4	얻는 것과 포기하는 것 중 내게 무엇이 더 소중할까?	
5	그렇다면 이직과 잔류 중 무엇이 내게 더 좋은 선택일까?	
6	나에게 있어 성공적인 이직과 실패한 이직이란 무엇일까?	
7	나의 커리어 골은 무엇이지?	

[WHEN]

No	질문	답변
1	내가 이직을 결심한 순간이 언제였지?	
2	나는 살면서 언제 가장 행복하고 보람을 느끼지?	
3	회사에서는 언제 가장 행복하고 보람을 느끼지?	
4	어느 시점에 이직하는 것이 나에게 가장 좋을까?	
5	만약 퇴사하게 된다면 최소 기간이 어느 정도 소요될까?	
6	만약 합격하게 된다면 언제부터 출근할 수 있지?	
7	언제 입사/퇴사하는 것이 나에게 가장 유리하고 불리할까?	

[WHERE]

No	질문	답변
1	나는 어느 업종으로 이직하고 싶지?	
2	어느 기업으로 이직하고 싶지?	
3	어느 부서로 이직하고 싶지?	
4	어느 직무로 이직하고 싶지?	
5	업종, 기업, 부서, 직무 관련 정보는 어디에서 얻지?	
6	어느 지역에 있는 회사로 출근하면 좋을까?	
7	어느 경로로 지원하고 싶은가?	

[HOW]

No	질문	답변
1	내가 원하는 커리어패스는 구체적으로 어떤 것이지?	
2	어떤 것을 새롭게 경험하고 성과를 만들고 싶지?	
3	연봉을 얼마 정도 올려서 가고 싶지?	
4	새로운 곳에 어떻게 적응할 계획이지?	
5	현재 직장에서 마지막에 어떤 모습으로 기억되고 싶지?	
6	퇴사 후 전 직장 분들과 좋은 관계를 유지하려면 어떻게 해야 하지?	
7	이직에 참고할 만한 책이나 유튜브 채널은 어떤 것이 있지?	

No	질문	답변
1	후회 최소화의 원칙 : 어떤 선택을 했을 때 덜 후회할까?	
2	냉정한 판단 필요 : 혹시 내가 충동적, 감정적으로 이직하는 것은 아닐까?	
3	도피성 이직 지양 : 지금 상황에서 단순히 도피하려는 것은 아닐까?	
4	시뮬레이션 해보기 : 나에게 있어 최상의 시나리오와 최악의 시나리오는 뭘까?	
5	대안 찾아보기 : 현 직장에서 현실을 타개할 방안은 뭘까? (직책 달기, 부업, 대학원)	
6	이직 실패 시의 계획 : 언제 다시 시도할 것인가? 어떻게 다르게 해볼 것인가?	
7	객관적으로 되돌아보기 : 우리 회사는 진짜 그렇게 별로인가? 재입사자는 왜 돌아왔을까?	

부록 2. 선배 이직러가 들려주는 경험담 인터뷰

이직러들의 생생한 인터뷰를 소개하려고 한다. 다양한 사례를 참고할수록 도움이 되므로 성공적인 이직, 실패한 이직, 재입사 사례를 다뤄보겠다. 각자의 경험을 들어보면서 어떤 이직 원칙을 가지고 있었는지, 당시 자신에게 무슨 질문을 했고 어떻게 답을 찾았는지를 한 번 살펴보자.

1. 성공적인 이직 사례, 기획마스터 킴 S그룹 전략기획팀 TF장 / 과장

안녕하세요! 간단한 자기소개 부탁드려요.

반갑습니다! 직장생활 10년 차에 접어드는 기획마스터 킴입니다. 벌써 10년 차라니 참 빠르네요. 회사마다 직급 체계는 다를 수 있으나 과장급이라고 봐주시면 될 것 같아요. 회계 업무로 회사생활을 시작해서 전략기획 업무로 대부분의 커리어를 쌓았고, 지금은 전략기획팀에서 TF장을 맡고 있어요. 유통업에서 7년, 제조업에서 3년 업무수행 중이죠.

이직을 몇 번 경험해 보셨나요?

한 번이요. 직장생활에서 3/5/7년 주기로 고민이 많아지는데 저는 7년 차에 이직을 했어요. 개인적으로 너무 잦은 이직은 스타트업 등 특수한 산업 종사자를 제외하고는 바람직하지 않다고 생각해요. 대신 명확한 목표와 방향성을 가지고 최적의 시점을 판단하여 진행하는 것이 맞다고 봐요. 잦은 이직은 커리어에도 도움이 되지 않는 것 같아요.

이직하신 회사에 몇 퍼센트 정도 만족하세요? 그 이유도 궁금합니다.

전 직장이 50%라면, 현재는 80% 만족해요. 몸 담고 있는 조직에는 항상 불만이 있지만, 이직을 통해 불만족스러웠던 부분이 해소됐어요. 연봉이 인상되고 업무지식이 확장되었기 때문인데요. 반대로 대인관계는 다소 아쉬워졌어요. 첫 회사는 끈끈한 동기와 선후배 관계로 좋은 추억이 많았는데 이직하면서 일정 부분을 포기해야 했거든요. 물론 개인이 많은 시간을 할애한다면 어느 정도 커버할 수 있는 부분이기도 해요.

성공적인 이직은 뭐라고 생각하세요?

'얻고자 하는 바를 명확히 하고, 이를 성취할 수 있는 곳으로 가는 것'이라고 생각해요. 이를 위해서는 이직 사유와 얻고자 하는 바가 무엇인지 명확해야 해요. 따라서 냉정한 자기성찰이 무엇보다 중요한 것 같아요. 제 주위 사람들도 다양한 사유로 이직했지만, 성공적인 사례는 극소수였어요. 단순히 반복업무가 지겨워서, 더는 배울 것이 없어 보여서, 부서원과의 마찰을 끝내고 싶어서는 아닌지 스스로 냉정히 돌아볼 줄 알아야 해요. 물론 개인마다 성향과 역치가 다르기에 특정 지을 수 없는 부분이지만 Why는 무엇보다 중요한 것 같아요.

성찰이 끝났다면 원하는 바를 목록으로 적어봐야 해요. 이직을 통한 장단점, 포기할 것과 얻는 것을 명확히 정리해보는 거죠. 장점과 얻는 것이 훨씬 더 많다면 이직하는 것이 맞겠죠. 저는 사업성 평가를 하듯이 객관적으로 이직을 평가하고 결정했어요. 직장이 개인의 삶에서 큰 부분을 차지하는 만큼 신중하게 판단할 필요가 있어요. 성급함은 독이에요.

원하는 것이 정해졌다면 이를 성취할 수 있는 곳에 가야 하죠. 이직하는 기업과 부서에 대해서 알아봐야 하는데요. 주변의 이직자들을 보면 정보가 부족하거나 분석이 미흡해서 어려움을 겪는 경우가 많았어요. 이럴 때는 지인이나 채용 플랫폼을 통해서 정보를 습득하고, 이직 컨설팅 등을 적극적으로 활용하는 것이 필요해요.

이직을 결심하신 이유가 궁금해요.

저는 두 가지가 명백했어요. 바로 '연봉'과 '업무확장'이죠. 먼저 연봉 관련해서 전 직장은 실적이 안정적이어서 고용 안정성도 높고 연봉도 동종업계 Top 수준이었지만, 급성장에는 한계가 있었어요. 반면 이직한 회사는 실적 변동성은 높지만 4차 산업혁명의 중심에서 큰 이익을 벌어들이고 있어요. 그래서 연봉이 많이 지급되고 있고, 시장 상황이 극단적으로 호황일 때는 전 직장 연봉의 2.5배를 지급 받기도 했어요.

한편 업무확장 관련해서 전 직장은 유통을 중심으로 한 내수시장에 집중하다 보니 기획 업무를 깊게 볼 수는 있어도 넓게 볼 수는 없었어요. 이에 업무확장에 대한 욕구가 항상 있었고, 이것이 저의 향후 커리어에도 도움이 될 것으로 생각했어요. 이직한 회사는 글로벌 시장을 바탕으로 다양한 M&A를 진행하는 곳이라서 새롭고 도전적인 업무들을 많이 접할 수 있어요. 그래서 큰 흥미를 느끼고 있어요.

그때는 스스로 어떤 질문이 가장 중요했나요?

"왜 여기서 이직하는 것이 최선의 대안이라고 생각하지?"

이직의 출발점은 냉정한 성찰이죠. 저는 이 과정이 필수라고 생각해요. '최선의 대안'이라는 말은 현 직장에서 쌓아온 유무형의 자산이 있다는 것을 내포하죠. 이직 시에는 얻는 것도 있지만 포기하는 것들도 있어요. 과하게 잦은 이직은 좋은 인식을 주지 못하기도 하고요. 인생의 중요한 선택이므로 실패를 줄이기 위해서 충분한 고민과 상담이 필요한 것 같아요.

"이직을 통해서 구체적으로 무엇을 얻고 싶을까?"

충분히 고민해보고 이직을 결심했다면 얻고자 하는 바를 명확히 해야 해요. 이직으로 인한 득과 실을 명확히 따져보고 얻는 것이 더 많을 때만 신중하게 움직여야 해요. 본인이 얻고자 하는 바를 확실히 알아야 지원한 회사에 갈지 말지에 대한 판단에 도움이 돼요.

"내가 원하는 커리어 패스는 구체적으로 어떤 것이지?"

이 질문을 통해서 두 가지 힘을 얻을 수 있어요. '장기적으로 바라보는 힘'과 '회사를 고를 수 있는 힘'이죠. 질문에 대한 답을 찾으면서 연봉이라는 단기적인 목표 외에도 이직을 통해 커리어 패스가 연결되는지 중장기적으로 바라볼 수 있었어요. 그리고 커리어 패스에 대한 로드맵을 보면서 지원한 회사가 도움이 될 수 있는지 판단해봤어요.

위의 질문에 대한 답을 어떻게 찾았고, 그 답은 무엇이었나요?

가장 도움이 되었던 것은 아무래도 상담이었어요. 이직을 결심하고, 지원할 회사를 물색하고, 최종 결정에 이르기까지 주변 사람들에게 무수히 많은 조언을 들었죠. 아무리 치열하게 고민했더라도 스스로 답을 찾는 것에는 한계가 있을 수밖에 없어요. 그래서 수많은 선배와 해당 업계 지인들에게 조언을 구하며 이 부분을 보완했어요. 재직 중인 회사에서 비밀을 공유할 수 있는 친한 선배들에게 고민을 솔직히 털어놓고 자문을 구한 적도 있어요. 이런 과정을 통해서 제 생각들을 많이 구체화했고, 결정에 대한 확신을 가질 수 있었어요.

다만 조언을 구하기 전에 스스로 충분히 고민하고 자신만의 가설을 가지고 있어야 해요. 그렇지 않은 상태라면 여기저기로 휩쓸릴 가능성이 커요. 저도 가설을 세우고 뼈대를 만들어 놓은 덕분에 올바른 판단을 내릴 수 있었다고 생각해요. 여기에 많은 조언이 더해지면서 시너지가 날 수 있었던 것 같아요. 하지만 결국 이직을 결정하고 결과에 대해 책임지는 것은 본인이에요. 그렇기에 지겨울 정도로 냉정하게 본인 생각의 뼈대를 먼저 만드시길 권장 드려요.

당시 놓친 질문이 있었나요? 그때로 돌아간다면 더 깊게 고민해볼 질문이 있나요?

"나의 커리어 골은 무엇이지?"

커리어 패스에 대해서는 많은 고민을 했지만 정작 커리어 골에 대해서는 진지하게 생각해보지 않았던 것 같아요. 기획자로서 사업관리 역량을 기르기 위한 커리어 패스, 즉 길의 방향성에 대해서는 고민을 많이 했지만, 막상 그 길의 끝에 있는 목표에 대해서는 고민을 많이 해보지 않았어요. 단지 지원한 회사와 부서가 커리어 패스의 방향과 맞아서 이직을 결정했던 것 같아요.

돌이켜보면 방향성도 중요하지만, 최종 목표가 무엇인지에 대한 성찰이 방향의 높낮이를 결정할 수 있는 핵심인 것 같아요. 예를 들어, 당시에 커리어 골을 임원이 되겠다고 정했다면 전 직장의 임원 정도도 나쁘지 않겠다고 생각했을지도 몰라요. 그랬다면 전 직장에서 인사평가가 좋으니 계속 근무하는 것으로 결론이 바뀌었을 수도 있겠죠. 커리어 골은 여전히 계속 고민 중이에요. 여러분도 스스로 커리어 골이 무엇인지 생각해보시고, Top-down 방식의 접근을 통해 커리어 골에 맞는 커리어 패스를 설정해보시면 좋을 것 같아요.

현재 가장 중요하게 생각하는 질문은 무엇인가요?

"누구에게 이직에 대한 구체적이고 실질적인 조언을 구하지?"

앞으로의 커리어를 위해 고민하는 질문이에요. 이직한 회사에서 TF장을 맡고 있지만, 만약 다시 이직하게 된다면 관리자로서 이동하게 될 텐데요. 이에 대한 실질적인 조언에 필요한 상황이에요. 반대로 저의 경험을 바탕으로 실무자급에서 이직을 고민하는 많은 분에게 도움이 되고 싶네요.

2. 실패한 이직 케이스, K H그룹 사업전략팀 대리

안녕하세요! 간단한 자기소개 부탁드려요.

반갑습니다. 직장생활 6년 차 K라고 해요. 저는 학부 시절 중어중문학과 국제관계학을 전공해서 자연스럽게 글로벌 업무에 대한 로망이 있었어요. 그래서 글로벌 제조업 회사의 본사에서 일하고 싶다는 막연한 생각이 있었어요. 다양한 시장과 국가의 전략 컨트롤 타워 역할을 수행하고 싶었거든요.

결국, 첫 직장부터 원했던 역할을 하게 되었어요. 국내 소비재 제조/유통회사에서 글로벌 상품전략 수립과 브랜드 매니저 업무를 담당했거든요. 이후 이커머스 회사를 짧게 거쳐서 현재는 제조업 브랜드의 사업전략팀에서 브랜드의 중장기전략 수립과 신사업운영 업무를 수행하고 있어요.

이직을 몇 번 경험해보셨나요?

2번 경험했고, 현재 회사가 세 번째 직장이에요. 인터뷰에서는 제가 실패했다고 생각하는 첫 번째 이직 경험에 대해 주로 말씀드릴게요.

이직하신 회사에 몇 퍼센트 정도 만족하세요? 그 이유도 궁금합니다.

10%만 만족했어요. 그나마도 집과 회사가 굉장히 가까웠기 때문이고 그 외에는 모든 것이 불만족스러웠어요. 이유는 크게 2가지였는데 먼저 연봉협상에서 만족스러운 결과를 얻지 못했어요. 비슷한 시점에 이직한 동료들과 비교했을 때 굉장히 안 좋은 조건으로 왔다는 걸 깨닫고 불만이 더 커졌어요. 전 직장의 인적 네트워크와 좋은 평판을 포기하는 만큼 스스로 만족

하는 보상 수준이 아니라면 적응과정에서 불만이 클 수밖에 없어요. 따라서 연봉협상 과정에서 객관적인 정보를 최대한 많이 수집해서 희망연봉 수준으로 끌어내는 것이 업무 만족도에 크게 영향을 미친다고 생각해요.

다음으로 이직한 회사의 인사제도가 전 직장 대비 후진적이었고, 동료들의 업무 역량도 기대보다 낮았어요. 우선 저는 폭발적으로 성장하는 스타트업에 대한 로망이 있었어요. 첫 직장이 쇠퇴하는 업계에서 1위를 하고 있어서 현상 유지가 최선이었기 때문이죠. 그래서 지원한 회사의 채용공고에 나와 있는 내용 외에는 추가적인 조사를 할 생각조차 하지 않았어요. 그러나 그것이 큰 실수였어요. 회사가 급성장하면서 우후죽순으로 생기는 조직들이 많아서 업무 성격과 존재 당위성이 분명하지 않았고, 기대와 달리 합류 시점에 따라 개인의 역량이 천차만별이었거든요. 인적자원의 업무 숙련도가 평준화되어 있는 대기업과는 너무나도 달랐죠. 만약 저처럼 대기업에서 스타트업으로 이동하는 경우라면 근무하게 될 조직의 역할과 구성을 먼저 철저히 조사하시고 신중하게 판단하시길 바라요.

실패한 이직은 뭐라고 생각하세요?

'우선순위가 충족되지 않은 이직'이 실패한 이직이라고 생각해요. 모든 것이 완벽한 직장은 없지만, 개인적으로 중요한 우선순위는 누구나 가지고 있어요. 그런데 안타깝게도 저는 그걸 미리 깨닫지 못했어요. 처음 이직하고 나서야 전 직장과 비교하면서 저만의 우선순위를 깨달을 수 있었어요. 바로 글로벌 업무 경험 가능성, 체계적인 업무 환경, 업무 역량이 뛰어난 조직/조직원이었죠. 현재 회사는 두 번째 회사보다 훨씬 보수적이고, 기본

급도 낮아졌지만 이렇게 우선순위를 분명히 인지한 후에 이동하였기 때문에 첫 이직과는 비교할 수 없을 정도로 만족도가 높아요.

이직을 결심하신 이유가 궁금해요.

첫 직장은 리더들의 의사결정 번복으로 업무추진 속도가 너무 더디었고, 주니어에게 큰 권한과 역할을 주지 않았어요. 그래서 4~6년 차에 정체된 것 같다는 걱정을 많이 했어요. 중간관리자 역할로 넘어가는 시점에 업무 역량이 갖춰지지 않을 것 같다는 생각에 스트레스를 많이 받았거든요. 업계도 성장 가능성이 없어 보여서 현재 회사에서 커리어를 이어 나갈 수 있을지에 대한 불안감도 커졌어요. 따라서 도전적인 환경에 뛰어들 필요가 있다고 판단했어요. 그래서 좀 더 빠른 속도로 업무를 추진하면서 역량을 성장시킬 수 있는 곳으로 이직을 결심하게 되었어요.

그때는 본인에게 어떤 질문이 가장 중요했나요?

"나는 어느 업종으로 이직하고 싶지?"

"나는 어느 기업으로 이직하고 싶지?"

"어느 직무로 이직하고 싶지?"

저는 업종과 직무를 모두 전환하고 싶었기 때문에 Where에 대한 질문이 가장 중요했어요. 보통 둘 중 하나를 축으로 이동하니까 둘 다 변경하는 것은 실질적으로 매우 어려운 일이라고 생각했어요. 그래서 이에 대한 고민이 가장 컸던 것 같아요.

위의 질문에 대한 답을 어떻게 찾았고, 그 답은 무엇이었나요?

느린 업무속도와 업황이 불만 요소였기 때문에 '성장하는 업계이면서 업무를 빠르게 배워 나갈 수 있는 회사는 어디일까?'를 고민해보니 자연스럽게 스타트업+전자상거래 회사라는 결론이 나왔어요. 업계는 전혀 다르지만, 상품전략이라는 직무가 연결되어서 상대적으로 쉽게 이동할 수 있었어요.

당시 놓친 질문이 있었나요?

"회사에서 언제 가장 행복하고 보람을 느끼지?"

돌이켜보니 당시에는 이 질문이 빠져 있었어요. 저는 글로벌 중장기전략을 수립했을 때 가장 보람을 느꼈고, 운영업무에만 매몰되어 있을 때 업무 만족도가 가장 낮았어요. 그런데 두 번째 회사는 가시적이고 단기적인 성과가 중요한 조직이었고, 국내시장 기반의 전자상거래 회사였기에 제가 좋아하는 중장기전략 수립 업무를 경험하기는 어려운 곳이었죠. 그리고 유통 특성상 운영업무 비중도 높았어요. 만약 스스로 만족도가 높았던 업무 경험이 무엇이었는지, 이직하는 회사에서 이것을 시도할 수 있는지에 대한 고민이 선행되었다면 이 같은 시행착오를 줄일 수 있었을 것 같아요.

다시 그때로 돌아간다면 더 깊게 고민해볼 질문이 있나요?

"나는 살면서 언제 가장 행복하고 보람을 느끼지?"

"나에게 가장 중요한 가치는 무엇일까?"

이직 실패를 통해 저의 우선순위를 알았지만, 다시 그때로 돌아간다면 '내가 행복할 수 있는 조직의 성격과 업무'에 더 초점을 맞춰서 다음 단계를 고민해볼 것 같아요. 회사의 성장세, 주변의 시선 등 외부적인 조건을 가장 중요하게 생각하고 저만의 가치관에 대해 고민하지 않았던 것이 첫 번째 이직의 실패 요인이었다고 생각해요.

현재 가장 중요하게 생각하는 질문은 무엇인가요?

"새로운 직장에서 나는 어떤 사람이고 싶지?"

새로운 직장에 와서는 이 질문에 대해 가장 고민하고 있어요. 회사 입장에서 경력직은 업무에 즉시 투입하기 위해 뽑은 사람이죠. 하지만 저처럼 전혀 다른 업계로 이직한 경우에는 업무 이해도가 낮기 때문에 동등한 수준에서 경쟁하기 쉽지 않은 것 같아요. 그렇기 때문에 '나에게 무엇을 기대해서 뽑았을까?' '나만이 줄 수 있는 인사이트는 무엇일까?'에 대해 더욱 생각하게 돼요. 업무수준을 지속적으로 끌어올리는 것도 중요하지만 전 직장에서의 경험을 기반으로 저만의 차별점과 도움을 줄 수 있는 방식이 무엇일지 늘 고민하고 있어요.

3. 재입사 케이스, 10년마다 업그레이드 L그룹 코스메틱사업부 / 이사

안녕하세요! 간단한 자기소개 부탁드려요.

반갑습니다. 저는 패션 대기업 공채로 회사생활을 시작하여 현재는 L그룹 계열 화장품 회사에서 임원직을 수행하고 있어요.

이직을 몇 번 경험해보셨나요?

공식적으로는 3번, 재입사까지 포함하면 4번 경험했어요. 첫 번째는 외국계 패션기업으로 이직했고, 두 번째로 다른 패션 대기업 경력직으로 옮겼어요. 그리고 다시 첫 직장으로 재입사했죠. 세 번째로 외국계 명품기업으로 이직해서 다니고 있어요.

이직하신 회사에 몇 퍼센트 정도 만족하시나요? 그 이유도 궁금합니다.

90% 만족하고 있어요. 집에서 멀다는 것 외에는 연봉, 근무환경이 좋거든요. 사실 회사에 100% 만족하는 직장인은 거의 없죠. 그래서 현 직장에 50% 이상 만족하고 계신다면 굳이 서둘러서 이직을 고민하지 않아도 된다고 생각해요.

성공적인 이직이란 무엇이라고 생각하시나요?

'회사 가기 싫다'라는 생각이 들지 않으면 성공적인 이직이라고 생각해요. 연봉이 아무리 높고, 집과 가깝고, 남들 눈에는 최고의 회사여도 다니기 싫다는 생각이 든다면 무슨 소용이겠어요. 결국, 성공적인 이직이란 회사가 본인의 만족도를 얼마나 충족시켜 주는가에 있다고 생각해요.

이직을 결심하신 이유가 궁금해요.

장기적인 계획을 현실화하기 위해서 이직을 결심했어요. 저는 직장생활을 시작하면서 10년 이내에 MBA 도전을 통해서 명품산업에 진입하겠다는 목표를 세웠어요. 그리고 드디어 원하던 해외 MBA에 합격하게 되면서 공부에 집중하기 위해 퇴직을 했어요. 이후에 공부를 마치고 자연스럽게 명품회사로 이직을 하게 됐죠.

그때는 본인에게 어떤 질문이 가장 중요했나요?

"왜 굳이 이 회사로 이직하고 싶지?"

저는 세 번째 직장까지 다수의 고객을 대상으로 상품을 판매하는 소비재 회사에 다녔어요. 그래서 소수의 고객만을 공략하는 명품산업군에 대해 궁금증이 생겼죠. 그리고 향후 10년은 명품 비즈니스가 호황일 것이라는 판단해서 관련 회사로 이직을 결심하게 되었어요.

"나에게 있어 성공적인 이직과 실패한 이직은 무엇이지?"

옮긴 후 2~3년 정도 지나서 또 다른 곳에 눈을 돌린다면 실패한 이직이라고 생각해요. 반면 일에 빠져들어 시간 가는 줄 모르다가 주위를 돌아보니 벌써 2~3년이 지나 있다면 성공적인 이직이라고 정의했어요.

"어느 경로로 지원하고 싶은가?"

지인을 통해서 명품산업군으로 옮길 수도 있었지만, 명품산업에 대해 좀 더 체계적으로 알고자 하여 해외 MBA를 지원했고, 그곳에서 명품산업 종사자들과의 네트워킹을 통해서 명품산업군에 지원해보는 것을 목표로 삼았어요. 결과적으로 그렇게 입사를 하게 되었죠.

위의 질문에 대한 답을 어떻게 찾았고, 그 답은 무엇이었나요?

입사 당시에는 "왜 굳이 이 회사로 이직을 해야 하는가"라는 질문에 대한 답을 바로 찾지는 못했어요. 하지만 시간이 흐를수록 '여기를 선택하길 잘했다'라는 생각을 하고 있어요. 화장품사업을 직접 경험해보니 이윤이 꽤 높았어요. 그래서 유사한 특성이 있는 패션 회사들이 이익 확장을 위해 이 시장에 곧 진출할 것이라는 생각이 들었어요. 그런데 실제로 많은 패션 회사가 화장품사업에 뛰어들고 있죠. 이런 변화를 지켜보면서 커리어 골을 설정할 수 있었어요. 최종적으로 패션과 화장품을 같이 운영하는 회사로 가고 싶어요. 그곳에서 경력의 강점을 살려서 능력을 발휘하고 많은 성과를 내보려고요.

당시 놓친 질문이 있다면 알려주세요.

"이 산업의 특징이 무엇인가?"

당시에는 이 질문을 놓쳤어요. 화장품은 패션보다 더 빠르게 돌아가는 산업이죠. 예를 들어, 매월 1등부터 꼴등까지 전체 브랜드의 순위가 매겨져요. 그만큼 투명하면서도 경쟁이 치열한 시장이기 때문에 직원들의 업무 강도가 높아서 항상 스트레스가 높아요. 혹시 화장품산업으로 이직하고 싶으신 분이 있다면 "나는 업무 강도가 높은 곳에서 견딜 수 있는 사람인가?"라는 질문을 해보라고 조언 드리고 싶어요.

현재 가장 중요하게 생각하는 질문은 무엇인가요?

"이직을 통해서 나의 경쟁력이 쌓였는가?"

요즘 저에게 하는 질문이에요. 현재의 내가 과연 패션과 화장품을 모두 운영할 수 있는 역량을 가졌는지, 지금까지의 커리어가 이를 위해서 적절한지를 항상 자문하고 있어요.

부록 3. 입사 지원 시 활용하는 이력서 및 경력기술서 표준양식

이력서

인적사항

성명	
생년월일	
주소	
연락처	
이메일	

학력

대학교	
고등학교	

자격 요약

강점	
컴퓨터 스킬	
외국어	

병역

병역		군별		역종	
계급		복무기간		보훈대상	

경력 (총   년   개월)

회사명 1 년/월/일 ~ 년/월/일 (년 개월)	년/월/일 (년 개월)/부서명1(직위or직책)
	- 담당업무
	년/월/일 (년 개월)/부서명2(직위or직책)
	- 담당업무
회사명 2 년/월/일 ~ 년/월/일 (년 개월)	년/월/일 (년 개월)/부서명3(직위or직책)
	- 담당업무
	년/월/일 (년 개월)/부서명4(직위or직책)
	- 담당업무

경력기술서

2000년 0월 0일 ~ 현재 (0년 0개월) / A사
- 주요사업분야 :
- 매출액 :   원('00년 기준)
- 인원수 :   명('00년 기준)

[주요업무]

[상세업무]
1.
  1)
    -
    -
  2)
    -
    -

2.
  1)
    -
    -
  2)
    -
    -

[주요 프로젝트]
회사명1 / 사업부, 부서명1 / 직위
- 프로젝트 명 :
- 기간 :
- 주요역할 :
- 담당업무 :

회사명2 / 사업부, 부서명2 / 직위
- 프로젝트 명 :
- 기간 :
- 주요역할 :
- 담당업무 :

부록 4. 실전에서 바로 써먹는 연봉협상 비밀자료 3종 세트

1. 현재 직장 처우수준 시뮬레이션하기

(단위 : 천원)

구분			현재		
계			금액	비고	
현금성 처우	고정연봉	기본연봉		월	만원
		고정수당		월	만원
	변동급여 (성과급, PS, PI 등)			기본급의	%
계					
복리후생	현금성 복라후생	식대		월	만원
		교통비		월	만원
	기타 복리후생	4대 보험			
		주요 경조사 지원			
		자녀 출산/입학 축하			
		건강검진			
		사내외 교육비			
		어학시험 지원			
		주택마련 이자 지원			
		학자금 지원			

* 상기 표시된 항목은 예시이며, 각 세부항목은 현 직장의 상황에 맞게 변경해 사용하자.

해당 자료는 현재 처우를 파악하는데 필요한 자료다. 머릿속으로만 알고 있던 것을 실제로 쓰면서 정리해보면 또 다르다. 연봉협상은 팩트를 근거로 진행해야 하므로 머리를 과신해서는 안 된다. 현 직장의 상황에 맞게 고정 연봉, 변동급여, 복리후생의 세부항목을 쭉 나열해보고 그에 해당하는 숫자를 적어보자. 그러면 현재 처우가 정확히 파악될 것이다.

이를 기반으로 두 가지를 해볼 수 있다. 하나는 희망연봉을 산정해볼 수 있다. 현재연봉은 이직 시 얼마나 올라야 할지에 대한 기준이기 때문이다. 나머지 하나는 채용담당자에게 희망연봉을 어필할 때 현재 처우에 대한 논리와 근거로 사용할 수 있다.

2. 입장 바꿔서 처우산정안 작성해보기

(단위 : 천원)

현재연봉		희망연봉	1안		2안		비고
				% 인상		% 인상	
고정연봉			기본연봉		기본연봉		
			보전수당		보전수당		
			계		계		
변동급여			성과급		성과급		
Total			계		계		
				% 인상		% 인상	

* 1안과 2안에 구성된 세부항목은 다른 항목으로 변경할 수 있다. 예컨대, 직책자 포지션으로 지원한 것이라면 보전수당 대신 직책수당이 지급될 수도 있으며, 성과급은 2개 행으로 분할하여 사이닝보너스를 지급하는 것으로도 가능하다.

해당 자료는 내가 채용담당자라면 어떻게 제안할 것인지 예상해보는 것이 목적이다. 처지를 바꿔서 처우를 산정해보는 것이다. 당연히 예상과 다를 가능성이 크겠지만 이렇게 해봄으로써 여러 가지 경우의 수를 미리 생각해보고 대안까지 생각해볼 수 있다.

보통 채용담당자는 1안과 2안을 모두 생각해놓기 때문에 우리도 두 가지를 모두 생각해보자. 2안은 보통 후보자가 1안을 받아들이지 않아서 막혔을 경우 조금 더 상향 조정하는 안이기 때문에 더 높은 금액을 제시한다. 성과급 부분은 우리가 알 수 없으므로 여러 가지 경로를 통해 얻은 정보를 대략 넣어놓고 계산하는 수밖에 없다. 만약 채용담당자에게 직접 들은 금액이 있다면 가장 좋겠지만 보통 잘 얘기해주지 않기 때문에 재직 중인 지인이나 각종 커뮤니티를 통해 얻은 데이터를 종합하여 평균을 매겨보는 것이 좋다.

3. Apple to Apple Comparison

(단위 : 천원)

구분			현 직장		새 직장	
계			금액	비고	금액	비고
현금성 처우	고정연봉	기본연봉				
		고정수당				
	변동급여(성과급, PS, PI 등)					
계						
복리후생	현금성 복리후생	복지포인트				
		자기개발비				
		생일/명절 지원				
		통신비				
	기타 복리후생	4대 보험				
		단체 보험				
		경조사 지원				
		출산/입학 축하				
		건강검진				
		사내외 교육비				
		심리상담				
		육아지원				
		학자금 지원				

* 상기 표시된 항목은 예시이며, 각 세부항목은 현 직장과 이직하는 회사의 상황에 맞게 변경하여 사용하자.

해당 자료는 1차 오퍼 받은 후 현재 처우와 비교해보는 것이 목적이다. 회사별로 있는 것과 없는 것을 명확하게 구분하여 금액을 적음으로써 객관적인 비교를 해볼 수 있다. 막상 1차 제안금액을 들으면 생각보다 너무 낮아서 실망할 수 있는데 실제로 이렇게 비교를 하고 나면 회사에서 적지 않은 수준으로 제안했다는 사실을 깨닫는 경우도 생각보다 많다. 그러니 일단 마음을 추스르고 채용담당자에게 구체적으로 문의하여 여러 가지 항목에 대한 정보를 최대한 얻어내라. 정확한 비교를 해봐야 상향 조정을 위한 금액도 산정할 수 있고 그에 대한 논리와 근거도 마련할 수 있기 때문이다.

필요하다면 해당 표를 요약 편집하여 조정을 요청하는 메일을 보낼 때 본문에 넣을 수도 있다. 여기에 추가로 요약하지 않은 표 그대로를 엑셀 파일로 첨부하여 보내는 것도 좋은 방법이다. 무언가 잘 정리된 논리형이라고 생각될수록 채용담당자는 쉽지 않은 상대라고 생각하여 더 긴장하고 제대로 응수하려고 하기 마련이다.

부록 5. 성공적인 연봉협상을 위한 이메일 작성법

연봉협상은 채용담당자와 이메일을 주고받으며 진행된다. 따라서 메일 내용을 얼마나 설득력 있게 작성하는지가 협상 성패를 결정짓는 데 크게 영향을 미친다. 같은 말이라도 논리와 표현에 따라 전혀 다른 의미로 생각될 수 있기 때문이다. 안타깝게도 연봉협상을 처음 경험하는 사람들은 대부분 메일 작성에 막막함과 어려움을 느낀다. 하지만 다행히도 효과적인 이메일 작성법이 있다. 나는 수많은 이직러들의 연봉협상 컨설팅을 진행하면서 성공적인 협상을 이끌어 내는 메일 작성의 논리와 구조, 원칙을 발견했다.

그렇다면 연봉협상 시 이메일을 잘 쓰는 방법은 무엇일까? 메일을 잘 쓰려면 3가지 무기가 필요한데 첫 번째는 '논리'이다. 두 번째 무기는 '이메일 구조'를 아는 것이다. 세 번째 무기는 '이메일 작성 원칙'을 아는 것이다.

먼저 논리는 정량적인 논리와 정성적인 논리가 있다. 정량적 논리는 숫자, 수치 중심의 주장을 말한다. 예를 들어, 현 직장 잔류 시 인상될 것으로 예상되는 연봉금액, 승진 시 예상되는 인상률, 곧 지급될 성과급 금액 등이다. 정성적 논리는 숫자로는 표현할 수 없는 질적 또는 정서적인 주장이다. 예컨대, 공채로서의 이점merit 포기, 해당 포지션에 가장 적합한 경력 보유 등이다.

두 번째는 이메일의 구조다. 잘 쓴 이메일에는 분명 잘 읽히는 글의 구조가 있다. 바로 인사, 감사 표현, 요청사항, 논리, 근거, 리마인드다. 아래 예시를 보면서 한 번 적용해보자.

인사

: 발신자에 내 이름이 들어가더라도 하루에도 수십 명을 상대하는 채용 담당자를 배려하여 어느 부서/직무에 지원한 누구인지 다시 한번 자신을 소개하자.

감사 표현

: 실제로 감사하지 않더라도 나를 위한 처우를 제안해준 것에 대해 감사하다는 표현을 하자. 이왕이면 좋은 인상을 주는 것이 더 좋기 때문이다.

요청사항

: 요구하고자 하는 바를 명확하게 구분하여 표기하자. 특히 희망하는 연봉금액이 있다면 숫자로 명확하게 기재를 해야 한다. 혹은 원하는 직위/연차가 있다면 그것에 대해서도 구체적으로 쓰자.

논리

: 요청사항에 대한 논리를 2~3개 정도 쓰는 것이 좋다. 왜 요청사항을 들어줘야 하는지, 들어줄 수밖에 없는지를 누가 보더라도 납득되도록 일목요연하게 작성하자. 자소서에서 썼던 것처럼 문장은 최대한 짧지만 핵심만 담는다. 문항을 구분하거나 자소서처럼 소제목을 문구 형태로 핵심 주장을

쓰자. 그리고 번호를 매겨 우선순위에 따라 배치하자.

근거

: 위의 논리에 대한 부연설명을 쓰면 된다. 또한 근거를 강화하기 위해 표나 증빙자료를 본문에 넣으면 좋다. 가장 쉬운 방법은 부록4에서 만들었던 연봉 시뮬레이션이나 Apple to Apple Comparison을 요약하여 표 형태로 넣으면 된다. 그리고 보다 자세한 내역을 볼 수 있도록 표 원본은 파일로 첨부하자.

리마인드

: 앞에서 언급한 요청사항을 다시 한번 언급하자. 정리 및 강조를 하기 위함이다. 추가로 질문을 넣어도 좋다. 마지막으로 좋은 소식을 기대하겠다는 문구로 마무리하자.

채용담당자님, 안녕하세요?

□□□팀 △△△직무 ○○○지원자입니다. ————————— 인사

먼저 오퍼레터를 보내주셔서 감사합니다. ————————— 감사 표현

제안해 주신 처우 내용 확인했으며, 상세히 설명되어 있어 이해하기 쉬웠습니다. 또한, 직원과 상생하고자 하는 문화를 보고 함께할 수 있게 된 것에 기쁘게 생각합니다. 담당자님께서 많은 고민 끝에 제안을 주셨으리라고 생각됩니다. 다만 약간의 아쉬움이 있어 상향 조정이 가능할지 문의드립니다.

<요청사항> ————————————————————— 요청 사항

기본연봉, 성과급 및 현금성 처우를 합쳐 약 5,500 만원 수준을 희망합니다. 이에 대한 근거는 아래와 같습니다.

<요청근거> ————————————————————— 논리

1. 고정연봉 : 현재 재직 중인 회사에서의 기본연봉, 성과급 및 현금성 처우를 합치면 약 4,700만원 중반대이며, 차후 예상 인상률로 계산시 내후년도는 약 5,500만원으로 추측됩니다. 아울러 현재 연차로서는 내년에 승진 가능성이 높으며, 승진하게 되면 기본적인 인상과 더불어 승진으로 인한 인상으로 최소 12%의 인상률이 예상됩니다.

		현 직장			(단위 : 천원)
구분		2022년 현재 (12월 기준)	2023년 예상 (승진 8%+조정4%)	2024년 예상 (4% 조정)	
계		47,537	52,975	55,005	
고정 연봉		41,070	45,998	47,838	
성과급		4,247	4,757	4,947	
현금성 복리후생	복지포인트	320	320	320	
	자기개발비	1,700	1,700	1,700	
	생일/명절 지원	200	200	200	

근거

2. 성과급 : 혹시 귀사의 성과급 수준이 어느 정도인지 알 수 있을까요? 제가 성과급에 대해서 정확히 알 수 없다 보니 총 보상 관점에서 양사 간 비교가 어려움이 있기에 문의드립니다. 만약 정확하게 말씀해 주시기 어려우시다면, 성과급에 대한 대략적인 range 혹은 산정 logic이라도 말씀 주실 수 있으실지요?

3. 복리후생 : 귀사는 어떠한 복리후생이 있는지 설명 부탁드리겠습니다.

4. 다음 연봉/연차 조정시점 : 현재 연말이 다가오다 보니 제안 주시는 연봉이 아마 내후년도를 예상해서 주실 것으로 생각이 됩니다. 이에 제가 입사를 하게 된다면 다음 연봉 및 연차 조정시점이 언제쯤일지 알고 싶습니다.

위의 이유들을 토대로 5,500만 원으로 상향 조정을 요청 드립니다. 귀사에 원활하고 빠르게 합류하고 싶기에 조심스럽게 먼저 희망하는 처우와 질문을 함께 전달 드리는 부분 양해 부탁드립니다. 첨부파일 확인 부탁드리며, 추가로 필요하신 사항이 있으시면 언제든 말씀 부탁 드리겠습니다. ———————————————————— 리마인드

그럼 긍정적인 검토를 부탁드리며, 회신을 기다리고 있겠습니다.
감사합니다.

○○○ 드림.

세 번째는 이메일 작성 원칙이다. 이는 자소서 작성 원칙과 유사한 점이 많지만 상호 간의 소통이라는 점에서 차이가 있다. 연봉협상 시 이메일 작성에 필요한 원칙은 다음과 같다.

예의를 갖추기

: 채용담당자도 사람이다. 이왕이면 공격적인 말투보다는 부드러운 어조로 글을 쓰자. 글만 보더라도 사람의 태도와 인격이 보인다. 가는 말이 고와야 오는 말이 곱다. 그뿐만 아니라 내가 보낸 메일이 현업 사업부장과 팀장에게 전달될 수 있다는 점도 기억하자.

두괄식으로 쓰기

: 원하는 바와 표현하고자 하는 바를 맨 앞에 명확하게 쓰자.

문장을 짧게 쓰기

: 읽는 사람이 무슨 말인지 이해하지 못한다면 그 글은 실패한 글이다. 호흡이 긴 글은 이해하기 어렵다. 따라서 끊김 없이 자연스럽게 쭉 읽히도록 문장을 최대한 쪼개서 쓰자.

특이사항 언급해주기

: 채용담당자는 여러 후보자를 상대하다 보면 헷갈리기도 하고 과부하가 걸릴 때가 있다. 따라서 나만의 특이사항이나 중요한 부분이 있다면 메일 본문에 별도로 언급을 해주자. 예컨대, 처우 증빙자료에서 채용담당자가 꼭 알아야 할 부분이 있다면 따로 엑셀로 정리한 자료를 첨부한 뒤 본문에 해당 자료가 어떤 것인지 설명해주는 것이다.

첨부파일 정리해서 보내기

: 첨부파일을 보낼 때는 항상 쉽게 받을 수 있고, 쉽게 찾을 수 있게 폴더 안에 파일명을 일목요연하게 정리하자. 그리고 센스 있게 폴더를 압축해서 보내주는 것이 좋다. 혹시 채용담당자가 일일이 파일을 다운받다가 놓치는 파일이 있을 수도 있기 때문이다.

야, 너도 다른 회사에 갈 수 있어

채용 담당자가 각 잡고 쓴 초보 이직러를 위한 이직 참고서

초판 1쇄 인쇄	2022년 8월 8일
초판 1쇄 발행	2022년 8월 8일
지은이	잇쭌
기획	정강욱 이연임
편집	백예인
표지 디자인	최동인
내지 디자인	서희원
출판	리얼러닝
주소	경기도 파주시 탄현면 고추잠자리길 60
전화	02-337-0324
이메일	withreallearning@gmail.com
출판등록	제 406-2020-000085호
ISBN	979-11-971508-8-3